NF

デザイン思考の道具箱

イノベーションを生む会社のつくり方

奥出直人

HAYAKAWA NONFICTION

早川書房

7282

目次

デザイン思考の道具箱

イノベーションを生む会社のつくり方

序章　デザイン思考前史

『日本経済新聞』のある記者から電話がかかってきた。「ビル・モグリッジが訪日するのですが会いませんか？」というのでミーティングを設定してもらい、モグリッジとあるホテルのカフェで話をした。一九九〇年の初夏のことである。そのころ『日本経済新聞』は『日経イメージ気象観測』という雑誌を出していた。彼はそこの記者であった。日本はバブル景気の最終局面に来ていた。だが、その二〜三年前はバブル景気のどまんなかで、各地でデザインセンター構想があり、デザイン博が一九八九年に名古屋でおこなわれた。私もそれに関わってデザイン博で発表や講演をしたりしていた。私はヴァナキュラーアーキテクチャーという聞きなれない分野でアメリカの大学で博士号（Ph.D.）をとったばかりであった。この分野は建築家がつくったものではない「建築」や

「住宅」のデザインを研究する領域で、博士号をとったあとは大学の建築史やデザイン理論の教師になることが多い。言ってみればデザインに関する「何でも屋」である。世の中がデザインに沸いており、デザイン理論分野のPh.D.は結構めずらしく、その分野の評論家として、いろいろなところから声がかかり、忙しく活動していた。アメリカデザイン史を書いて『GS』という雑誌に寄稿したり、アメリカの住宅の文化史を書いて出版したり、各地でおこなわれていたデザインセンター設立構想の準備会で講演をしたりしていた。この時代の活動は『トランスナショナル・アメリカ』（岩波書店、一九九一年）『アメリカンホームの文化史』（住まいの図書館出版局、一九八八年）『アメリカン・ポップ・エステティクス』（青土社、二〇〇二年）として出版した。また評論だけではなく、デザイン博後に名古屋デザインセンターを建てる企画があり、名古屋市の依頼でその基本構想をつくったりもした。実際にはその建物は商業施設になり、デザインセンターはその中のフロアを占めるにとどまった。経営的な見通しがたたなかったためである。『日経イメージ気象観測』にも時々デザイン批評の原稿を書いていた。

その『日経イメージ気象観測』の一九九〇年四月号で、私はモグリッッジのデザインを紹介したばかりであった。『日経イメージ気象観測』はFashion, Products, Space, Objective Art, Performing Art, CM-ART, Media Watchingというセクションがあり、私はおもにProductsのセクションに時々長めの評論を書いていた。このときの評論は「インターフェイスのデザインへ：プロダクト・デザインとコンピュータ」というタイトルである。デザインという言葉がモノの形をつくるという意味であることが当然と思われていた時代に、目に見えないもの、つまりプロダクトと人間とのインタラクションをデザインするという動きが生まれてきていることと、その先鞭をつけたビル・モグリッジの仕事を説明したのである。

コンピュータといえば機能むき出しであった時代にプロダクト・デザインの考えを導入したのは、言うまでもなくアップル社のスティーブ・ジョブズである。一九八二年にアップルはデザインコンペをおこなった。ドイツのフロッグ社がこのコンペに勝ち、専属契約を結び、会社をアメリカの西海岸に移し、高額のCADシステムとモデル制作環境を導入してアップルにデザインを提供した。一九八七年にアップルはフロッグデザインとの契約を破棄して、再びデザインコンペをおこなうが、次の専属デザイン事務所をみつけることはできなかった。

だが、コンピュータとプロダクトのデザインにおいて、圧倒的な作品はフロッグ社ではなく、ビル・モグリッジによってなされる。それが一九八二年に販売された「グリッ

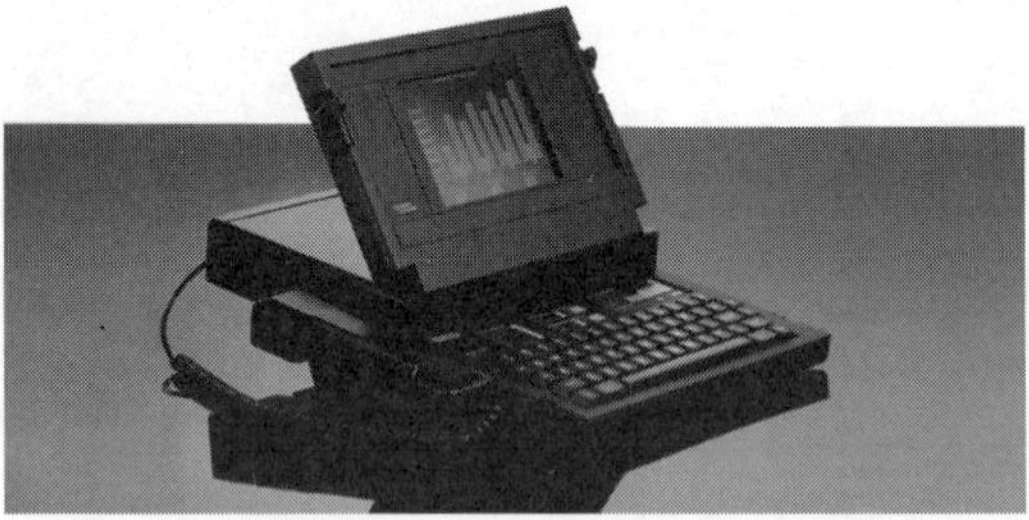

IDEOの公式サイトより（http://www.ideo.com/images/uploads/work/slides/GRiD_Compass_hero_626px.jpg）。

ドコンパス」である。モグリッジの会社ＩＤ－Ｔｗｏが一九七九年にデザインした。ブラックマグネシウムのケースに入れられたこのコンピュータは、ラップトップ・コンピュータの「形」を見つけ出したものである。ビジョンとしてのラップトップは一九六〇年代後半にアラン・ケイがダイナブックのコンセプトで示しているが、それが実際にどのような機能を持ち、どのように使うことができるかをデザインしたのは、ビル・モグリッジである。非常に高価なコンピュータで、スペースシャトルに載せられたことでも知られている。そしてコンピュータのデザインとして初めてニューヨーク近代美術館のパーマネントコレクションに選ばれていた。

　そのあとモグリッジはいろいろなデザインをおこなうが、だんだんと、いままでだれも気がついていなかったコンピュータと人間のデザインをおこなうようになる。それを「インタラクション・デザイン」と命名し、デザイナーはコンピュータを使うユーザーの代弁者としてデザインをおこなう必要があるとしたのである。電子ペン入力装置などいくつものデザインを「インタラクション・デザイン」のコンセプトでおこなっており、私はこの評論で、彼がデザインしたトリンブル・ナビゲーション社のNavGraphicのデザインを紹介した。

トリンブル・ナビゲーションという会社はカリフォルニアのサニーヴェールにある会社で、GPS技術を使った航海支援装置をつくっていた。現在では従業員五〇〇〇人以上の大会社であり、さまざまな技術を使った産業用の製品を出しているが、もともとは一九七八年にヒューレット・パッカード社に勤めていたチャーリー・トリンブルが起業した会社で、アメリカの軍事技術であるGPSが商業利用を認められたことをきっかけに、GPSと航海用のナビゲーションシステムを組み合わせる商品を思いつき、一九八四年に商品を市場に投入した。このたぐいの商品としては最初のものであった。現在ではセイコーやカシオをはじめとする時計やスマートフォンなどに埋め込まれている。その後M&Aを繰り返して現在のような大きな企業となった。

NavGraphicはモグリッッジが使い始めた「インタラクション・デザイン」の考え方を

最初に明確に導入したプロダクトであった。一九八八年にID-Twoに参加したID《アイ》EO《ディオ》の現CEOのティム・ブラウンはこのシステムを振り返っている。具体的なモノのデザインをおこなう訓練を受けていた彼は、ネットワーク・マネジメントやゲームなどのデザインをおこなう「インタラクション・デザイン」のチームに配属された。モグリッジはチームメンバーに「我々は動詞をデザインしているのだ。名詞ではない」と言い続けたという。

インタラクションをデザインするには、時間とともに展開する物語を語らなくてはいけない。インタラクション・デザイナーは物語をつくる必要があり、物語をつくる道具であるシナリオ、ストーリーボードなどに通暁《つうぎょう》する必要がある。NavGraphicのデザインにおいては、船員がどのような行動をとるのかを物語にして、それをもとにインタラクション・デザインをおこなった。現在ではソフトウェアとハードウェアは一体化していて、インタラクションは当たり前になっており、シナリオを使うデザインも普及しているが、約三〇年前にはまったく初めての経験だったので、デザインプロセスを明確化して提示する必要があったのだ、と述べている（『デザイン思考が世界を変える』ティム・ブラウン、早川書房、原書一三四頁）。

いま私たちが普通に利用しているインタラクション・デザインの考えが生まれつつあ

った一九八〇年代のことである。デザイン理論的に述べると、一九八〇年代のポストモダン・デザイン運動がモダニズム・デザインの形を破壊した。その後一九九〇年代になって、破壊された断片がインタラクション・デザインの枠の中で再生を始めたのである。この衝撃をもとに私はこのころ『思考のエンジン』（青土社）という本を書いていた。そんなわけで、モグリッジとの話は非常に興味深く、我々は非常に楽しい時間を過ごした。

一九九〇年に慶應義塾大学は湘南藤沢キャンパス（ＳＦＣ）をオープンし、私は助教授として着任していた。ただ、その前にアメリカのフルブライト委員会からアメリカの大学への招聘《しょうへい》がきまっていた。せっかくの機会なので断るのももったいないなと思い、大学と交渉して期間を短縮して、その秋から私はアメリカの大学でデザイン史とデザイン理論を秋学期だけ教えることにしてアメリカに行った。そのときに住んでいた家のリビングに「バブルがはじけました」とくだんの日経の記者からＦＡＸが届いたときのことを鮮明に覚えている。

帰国後しばらくして、大阪のあるコンサルティングの会社が日本の企業数社をあつめてデザインのワークショップのプロジェクトを企画し、私はそれを手伝うことになった。

イタリアからデザイナーを招聘する、三次元コンピュータを使ったデザインを実践する、そしてアメリカからデザイナーを呼んでワークショップをおこなうという三つの企画をたてて、アメリカからデザイナーを呼ぶプロジェクトの企画と実行を私がおこなうことになった。当時デザイン・マネジメントということが言われていて、日本企業で社員として雇用されているデザイナー（インハウス・デザイナーという）の生産性（？）を向上させるマネジメントはどうあるべきかを議論していたのだ。

　複数のデザイナーを呼んで日本のデザイナーとワークショップをおこなうという企画はたてたものの、どのようにデザイナーを選び、どのように招聘すればいいのか、何をやればいいのか、そういったことを考えていたときに、モグリッジのことを思い出した。彼に相談しようと思い、サンフランシスコのＩＤＥＯ《アイディオ》を訪問した。ＩＤ－Ｔｗｏ社は一九九一年にDavid Kelley DesignとMoggridge Associates（これもモグリッジが創業者）、さらにMatrix Product Designと合併してＩＤＥＯという会社になっていた。企画の意図を彼に説明すると、おもしろいねえ、ということになり、「アフター5でやるよ」ということになった。つまり無料である。ＩＤＥＯとしてのメリットもあるから、ということだった。そのときにプロジェクトを担当するということで、いまのＣＥＯであるティム・ブラウンを紹介されたのである。招聘するデザイナーへのお礼とか旅費などはもちろんきちんと払ったが、IDEOの企画に関してはアフター5の仕事でやってくれたのである。いくつかのデザイン事務所を選択して、サンフランシスコ周辺のデザイナーをIDEOのオフィスに招待してパーティをおこない、ワークショップへの参加をお願いした。またシカゴとニューヨークとボストンの事務所を紹介してもらい、それぞれの事務所を訪問してプロジェクトの説明をおこなった。

そして「デザインクエスト」という一週間のワークショップを一九九二年の秋に大阪でおこなった。招聘したデザイナーはIDEO社のティム・ブラウン、ニューヨークで事務所を開いているコスメティックスやテーブルウェアのデザイナーのローラ・ハンドラー、アメリカ屈指のデザイン・コンサルタント会社であり、ジャガーやトヨタのレクサスのブランディングでも知られるシカゴのドブリン・グループのラリー・キーリー、おもちゃのデザインで知られるサンフランシスコ在住のダニエル・クリッツナー、ニューヨークのグラフィック・デザイナーであるジェイン・コストリン、ニューヨークのオフィス家具デザインの会社、ディテールズのアート・ディレクターのケネス・クレイヤー、ニューヨークのスマート・デザイン社のタッカー・ヴィーマイスター、そしてボストンのデザイン・コンティニアムの代表であるジャンフランコ・ザッカイである。それそれに自分の作品を送ってもらい、自己紹介とデザイン・コンセプトを説明してもらった。さらに一週間のワークショップのプログラムを送ってもらった。その英文を私が翻訳して日英のハンドブックをつくり、デザイナーと参加者に渡してワークショップをおこなったのである。

このパンフレットからティム・ブラウンのワークショップへの説明を紹介しておこう。

ティム・ブラウン

ブラウンは現在、デザイン会社ＩＤＥＯのサンフランシスコ・オフィスでディレクターを務めており、産業デザインとイノベーション・デザインを受け持っている。ロンドンの王立芸術院（ＲＣＡ）でデザインの修士号を取得し、これまでにスチールケース、ディテールルズ、キッチンエイド、ユニシス、セイコー、東京ガス、ＮＥＣ、アップルなど数々の企業のデザインを手がけている。

彼の作品の中にはロンドンのデザイン・ミュージアムに永久保存されているＦＡＸマシーンのコンセプト、一九八七年に大阪と京都のためにデザインした公共情報システムがある。展示会への出展も頻繁におこなっている。

現在、彼はディテールルズ社のためにコンピュータの付属品をデザインする仕事をして

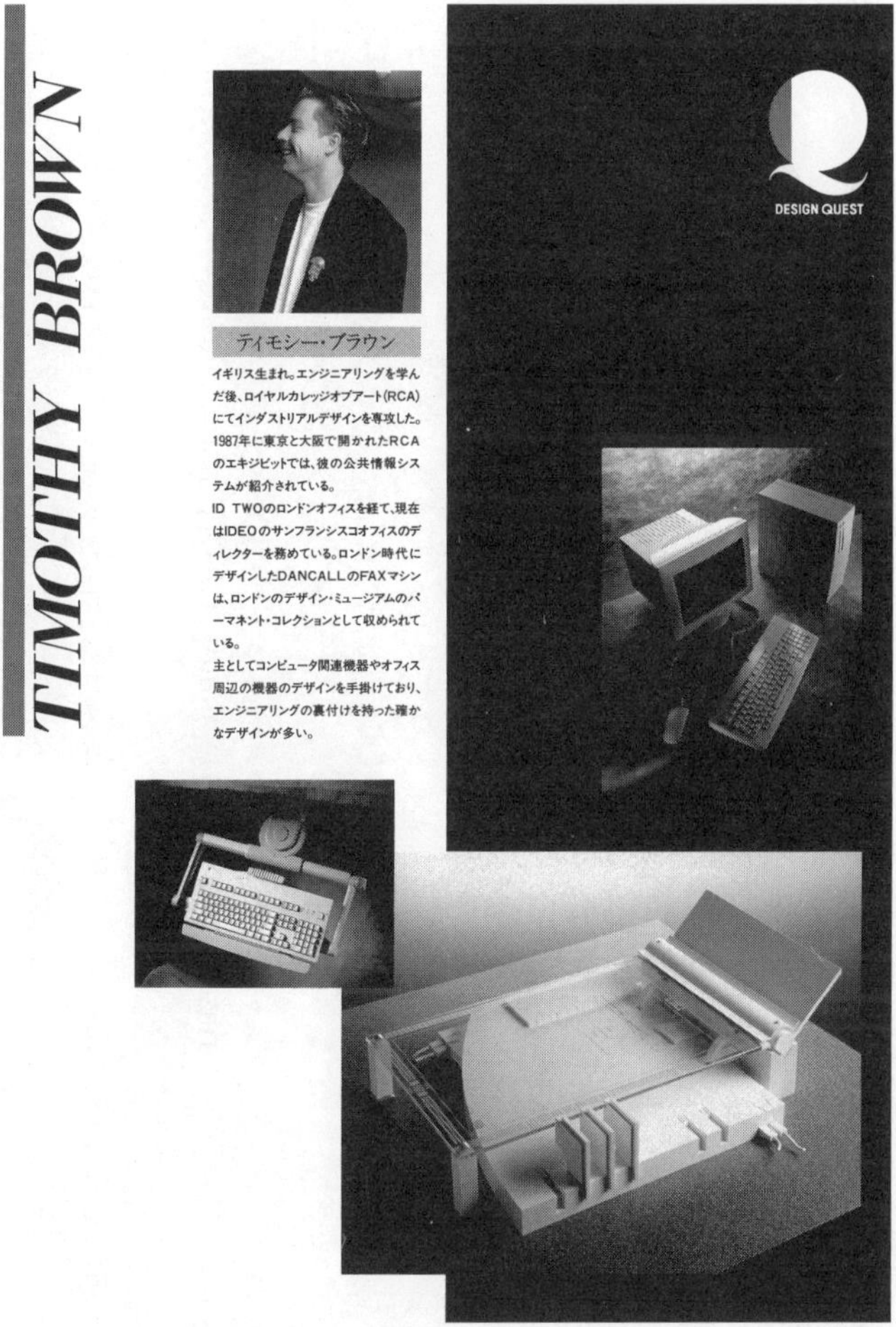

TIMOTHY BROWN

ティモシー・ブラウン

イギリス生まれ。エンジニアリングを学んだ後、ロイヤルカレッジオブアート(RCA)にてインダストリアルデザインを専攻した。1987年に東京と大阪で開かれたRCAのエキジビットでは、彼の公共情報システムが紹介されている。

ID TWOのロンドンオフィスを経て、現在はIDEOのサンフランシスコオフィスのディレクターを務めている。ロンドン時代にデザインしたDANCALLのFAXマシンは、ロンドンのデザイン・ミュージアムのパーマネント・コレクションとして収められている。

主としてコンピュータ関連機器やオフィス周辺の機器のデザインを手掛けており、エンジニアリングの裏付けを持った確かなデザインが多い。

「Design Quest」パンフレットより。

おり、ここで紹介している作品はキーボード・サイズが最大でありながら、机のうえに占める空間は最小になるものであり、人間工学の視点から一〇の異なる条件を考慮してデザインしたものである。

ＩＤＥＯの名前はInnovation, Design, Engineering and Organizationからとっている。エンジニアリング・サービスとデザイン・マーケティング・エルゴノミクスに関連するサービスの二つの活動をおこなっている。

ＩＤＥＯの商品開発の分野は多岐にわたり、コンセプト・デザイン、プロダクト・デザイン、インダストリアル・デザイン、エルゴノミクス、ヒューマン・ファクター、インタラクション・デザイン、メカニカル・デザイン、エンジニアリング・アナリシス、プロダクション・サポート、プロジェクト・マネジメント、イノベーション★戦略の立案などをおこなっている。特にコンセプト・デザインとプロダクト・デザインを重要視していて、スタッフと顧客とのコミュニケーションを重視している。

デザインクエストにおいて、ティム・ブラウンは「名詞ではなく動詞をデザインすることで新しいキッチンに関する商品を開発する」と述べた。このプロジェクトの目的は家庭のキッチンをもっと効率的にするために新しく役に立つアイデアをいくつか生み出すことである。

ブラウンはプロジェクトの説明の概略を紹介したが、その次にコンセプトの説明が続く。

ワークショップのコンセプト：

ＩＤＥＯでは動詞のデザインという考え方がある。孤立しているもののデザインを考えるのではなくて、行動をデザインする、あるいは行動の連続をデザインするという考え方である。この方法はユーザーの要望にあう商品をつくることに適しており、それゆえに市場でも受け入れやすい商品をつくることができる。

ワークショップの課題：

★イノベーション　本書では新しいアイデアによって組織に大きな利益をもたらすような変革全般を指す。よく「技術革新」と訳されるが、元来イノベーションは技術についてのみいう言葉ではない。

家庭のキッチンに関するキーになる動詞や動詞の連続をみつけて理解し、それらのキー・シークエンス（連続）を満足させる新しい一連の商品をデザインする。このような動詞を探すには、料理の準備、計画、片付け、貯蔵、もりつけなどに注目する。このような方法で新しい商品をつくる過程をＩＤＥＯではイノベーション・デザインと呼んでいる。

プロセス

理解

観察

ビジュアル化

理解：

ステップ１：イノベーション・デザイン・プロセスを理解する（ＩＤＥＯのプロセスの説明）。

ステップ２：日本とアメリカのキッチンデザイン・マーケットを理解する。

観察：

キッチンのための新しい商品をデザインするためにはキッチンでおこなわれる行動、行動の連続を観察して理解することが必要である。

ステップ1：ワークショップに参加するメンバーは事前に典型的なキッチンの観察をおこなってくる。料理、片付け、貯蔵などの行為の過程を観察して写真とメモを使って記録する。キッチンのフロアプランも意識しておく。

ステップ2：観察したものを議論して、新しい商品のデザインのキーとなるシークエンスを見つけ出す。

ビジュアル化：

発見したキー・シークエンスに基づいて、新しいシナリオとデザインのアイデアを生み出す。

ステップ1：キー・シークエンスを議論して、そこから新しい商品のためのキー・シークエンスを説明するシナリオをつくる。実際にワークショップ参加メンバーが行動して、それをポラロイドカメラで撮影し、それらの写真を使ってデザインした行為のシークエンスを説明する。

ステップ2：シナリオの要求を満たす新しい商品のコンセプトをブレインストーミングで生み出す。

ステップ3：少人数のチームに分かれ、ブレインストーミングの結果をもとにデザインをおこなう。観察の段階で見出され、シナリオで表わされたユーザーの行動とニーズを反映する一連の新しいキッチン用品を作り出す。これらの新しい商品は理解の段階で確認された業界のトレンドを反映しているべきである。

プレゼンテーション：

最後に、新しい商品の実物大模型をつくり、皆の前でプレゼンテーションをおこなう。

スケジュール

以上の活動を五日間でおこなった。スケジュールは以下である。

初日

午前：イノベーション・デザインのプロセスについてのプレゼンテーション、マーケットトレンドについてのディスカッション。

午後：グループのメンバーから事前におこなった観察についてのディスカッション。キーになる行動や行動の連続に関してのディスカッション。

二日目

午前：新商品のための新しいシークエンスのシナリオ作成。

午後：新商品のアイデアをブレインストーミングする、デザイン開発のためのコンセプトを選択する、デザイン開発を開始する。

三日目

終日：デザイン開発。

四日目
デザイン開発をしてコンセプトをつくる。

五日目
午前：プレゼンテーションの準備。
午後：プレゼンテーション、シンポジウム、お別れパーティ。

使用する道具
白の画用紙
プレゼンテーションに使うボードと材料
色鉛筆とマーカー
ビデオカメラ
ポラロイドカメラ
ビデオ再生機

このようにデザイン・コンセプト、プロセス、道具を明確に提示してワークショップが始まったのである。他のデザイナーもそれぞれ独自の方法を持っていたが、基本的には同じように動いていた。一週間ワークショップを見学していて、この方法を使えば私のようなデザイナーとしての訓練を受けていないものでもデザインをおこなえるのではないか、と思った。イノベーションをおこない、それを具現化するコンセプトをつくり、形にする。この、プロセスがデザインという認識は私にとってかなりの衝撃であった。私が研究してきたデザイナー、つまり自動車のデザイナーに代表されるような、いろいろと自由曲線で形を思考して、きまってくると三次元の絵を描き、それをもとにプロトタイプをつくるという作業ではないことに驚いた。

この経験は私の研究者としての方向を大きく変えた。デザイン理論と歴史の研究者・評論家であることをやめたのである。デザインクエストのワークショップで遭遇した方法を使ってみずからデザインする活動を始めた。新しいオフィスをデザインする、企業の本社をデザインする、新しいコミュニケーションのしくみをデザインするなどのプロジェクトを次の五年間で立て続けにおこなってみた。見よう見まねで始めた手法もだんだんこなれてきてＩＤＥＯの方法から自分の方法へと変化していった。デザインを職業とする専門家からすると、「デザイナーを名乗るなんておこがましい」と見られていただろうなあと思うが、やっている側からすると、目標をきめて、複数の人間でスモールチームをつくり、観察とプロトタイプ製作を繰り返す中で新しいコンセプトを作り出す作業はかなりおもしろかった。また企業もインタラクション・デザインの分野でのイノベーションの方向性を具体的に見ることができるために、それなりの価値を認めてくれた。そして、一〇年ほど前だろうか、ユビキタス・コンピューティング★の波がきたときには、観察してプロトタイプ製作を繰り返すインタラクション・デザインの方法は威力を発揮し、国際学会で学生がつくる作品が採用されるまでになっていた。

西海岸の企業を訪問したり、インタラクションの学会に出席したりしながら、一〇年ほど活動をおこなった。二〇〇四年に久しぶりにビル・モグリッジに会おうと思い、パロアルトにあるＩＤＥＯを訪問した。そのときにデザイン思考という方法でビジネスをおこなっていて、それが注目されているのだ、と『ビジネスウィーク』の抜粋とＡＢＣで紹介されたテレビ番組のビデオテープをもらった。その後、あれよあれよというまにＩＤＥＯの名声は高まり、会社の規模も大きくなっていった。日本でもデザイン思考を採用してみたいという企業がでてきて、私は二つの大きな会社がおこなったデザイン思考をファシリテーションした。その経験をもとに書いたのが本書である。

二〇一三年九月

★ユビキタス・コンピューティング　実生活環境のあらゆる場所にコンピュータをあまねく存在させるという考え方。

まえがき

商品開発には、なにをつくればいいのかを考えてその機能を明確にし、実施設計をおこなう上流過程と、そうして出来上がった商品を生産し販売する下流過程がある。両方とも大切であり、また本書で展開する方法は上流でも下流でも有効なのであるが、本書は主に上流過程に焦点を当てている。というのも東京大学大学院経済学研究科教授で、同科のものづくり経営研究センターの長でもある藤本隆宏《ふじもとたかひろ》の一連の研究で明らかなように、下流過程での能力においては多くの日本企業はまだその競争力を失っていない。また競争力をつける方法も「お手本」もある。だが、なにをつくればよいのか、つくったものをどのように人に説明すればよいのか、そしてどのように事業に結びつけるのか、という製品コンセプトの立案から始まる上流部分の議論は商品開発においてほとんどなされていないからである。

　日本の多くのメーカーは、いまなにをつくっていいのかわからなくなっている。新製品開発現場で、自信をもって商品開発をおこなっているところは非常に少ないはずである。ところが昔はどうもそうではなかったらしい。日本規格協会新製品開発教室なるものがあり、南極越冬隊隊長として著名な西堀榮三郎《にしぼりえいざぶろう》が講師となり「忍術でもええで」とイノベーションを評価して新商品をつくっていた。その頃の記録が『西堀流新製品開発』（日本規格協会、二〇〇三年）として復刊されている。それを読むと、本書で展開するような新商品開発の方法が詳細に述べてある。だが現在、かつて日本規格協会が提案したような方法で新商品の開発をおこなっているところは非常に少ないだろう。八〇年代から登場してくるコンピュータソフトウェアの世界とものづくりの世界がすみ分けを始め、それが組織の構造にも反映して、二一世紀になったいま、世の中が求めているソフトウェアとハードウェアが融合した新しい商品開発をおこなう体制もなければ、そうした開発をおこなう能力も十分開発できていないのが現状である。

　本書で提案する方法は、西堀が自分の方法を西堀流と呼んだことになぞらえて、奥出流と呼んでもいいが、この方法が唯一の方法というわけではない。いろいろな方法があっていい。本書を読めば、このような開発方法を使うことでなにをつくればよいのか、つくったものをどのように人に説明すればよいのか、そしてなによりもそれを事業に結びつけるにはどうすればよいのか、という商品開発における上流過程の問題がわかってくる。

本書は私がこれまでに様々な会社と新商品開発をおこなってきた経験を方法論としてまとめたものである。クライアントとの守秘契約に抵触するため、個別の会社の具体的な事例に言及することはできないので、ソフトウェアとハードウェアが融合したもっとも典型的な商品であるアップルのｉＰｏｄを例として議論を進めているが、いま日本の多くの会社が直面している新商品のコンセプト創造という具体的な問題の解決方法として読み替えることが出来るようになっている。

二〇〇七年二月

第Ⅰ部

デザイン思考で経営する時代

第1章

知識から創造性へ
——経営戦略が変わる

知識・技術の時代から創造性の時代へ

デザイン思考という大きな嵐が先進国のビジネス世界を吹き荒れている。『ビジネスウィーク』二〇〇六年一〇月九日号では、初めて「ベストデザインスクール」が発表された。次世代のビジネスを主導していくのは現在デザインを勉強している学生だとばかりに、企業が競ってデザイン教育を受けている人材を採用しようとしているのだ。ナイキをはじめとしてGE、P&G、マクドナルド、インテルなど多くの会社が、デザイン教育をおこなっている大学を、イノベーションをマネジメントする人材の供給源として見るようになってきているという。

デザインという行為が、いままでおもに美術系の大学で教えられてきたような形と機能を受け持つ狭い領域を超えて、ビジネス戦略を立案するための新しいアプローチとなりつつある。著名なビジネススクールはデザインのプログラムを取り入れはじめている。また伝統的な美術大学のデザインのコースにビジネスのカリキュラムが組み込まれたりしている。

このアプローチの中心にあるのが本書の主題であるデザイン思考である。デザイン思考こそが、イノベーションを創出し、多くの人を惹きつける商品やサービスを生み出して事業を拡大するためのもっとも大切な考え方だと言われはじめたのだ。

現在世界中のビジネスが人件費の安い中国やインドに向かっている。こうした国はかつて先進国しか提供できないとされていた高度な品質の商品やサービスを低価格で市場に送り込んでいる。こうした国の企業と競争していくには先進国の企業はイノベーションに焦点を当てざるをえないのである。それも技術イノベーションではなく、本書で紹介するデザイン・イノベーションが必要なのだ。

かつてはエンジニアリングや技術や品質が競争力の中心であった。しかしデザイン主導のイノベーションを前面に押し出して競争力のある商品やサービスを開発するためにもっとも必要なのは、人びとの行動を観察する学問である民族学あるいは文化人類学であり、創造性である。消費者が真に求めているものを提供できた企業のみが生き残っていくことができるのである。

創造性を経営に活かす

この問題を『ビジネスウィーク』が初めて大きく取り上げたのは二〇〇五年八月一日号の特集「Get Creative!」であった。この号では、経済の根本が知識から創造性へと移行してきたと報道されている。ちょうどこの頃、私はデザイン・コンサルティング会社として著名なＩＤＥＯ社を訪問していた。ＩＤＥＯはスタンフォード大学があるカリフォルニア州パロアルトに本社がある。旧知の友人であるビル・モグリッジを訪ねてのことである。彼はラップトップ・コンピュータを発明したデザイナーの一人でもあり、加えてこのＩＤＥＯの共同創設者でもある。もう一人の創業者はスタンフォード大学の教授でもあるデイヴィッド・ケリーである。ビルはこの特集号でＩＤＥＯが大きく取り上げられていることを、控えめだが誇らしげに「我々のような小さな会社が大企業に並んでイノベーション能力が高い会社の一つにあげられたなんて」と言いながら説明してくれた。この特集ではこれまで技術主導で考えられてきたイノベーションの方法はデザイン主導型に変わっていく、と述べられていた。

IDEOの名前は二〇〇六年一月のダボス会議★でも大きく扱われた。緊急の課題を取り上げて多くの経済人が集まり意見を戦わせるダボス会議であるが、ここで中国やインドの経済とどのように向き合っていくかという議論に加えて、イノベーションと創造性が大きなテーマとなっていた。先進国は生産性や技術力では中国やインドと競争できなくなってきている。さらなる競争力のためには創造性が大切だ、というのである。IDEOの新しいCEO★★となったティム・ブラウンがキーノートとなる発表をした。IDEOのウェブサイトでこのときの話が公開されている。「創造的であれ！」のテーマでいくつものセッションがおこなわれ、ティム・ブラウンは多くのセッションに招待された。セッションタイトルを見るだけでも刺激的だ。たとえば「イノベーションとデザイン戦略」とか「イノベーションの文化を構築しよう」などである。こうしたセッションの詳細については後ほど紹介する。

このようにいま世界のビジネスシーンでは、知識や生産性に代わる大事な経営資源として創造性を活用する動きが登場してきている。その方法の核にあるのが「デザイン思考」なのである。本書ではデザイン思考がイノベーションやマネジメントという企業活動の根幹にとって不可欠な要素になっていこうとしている情勢を説明しながら、それに対処していく具体的な「創造の方法」について説明する。

私は現在、慶應義塾大学大学院メディアデザイン研究科（ＫＭＤ）でインタラクション・デザインの研究をおこなっている。本書で紹介する方法で新しい形としくみをデザインして、実際にプロトタイプをつくり、その成果を国際学会で発表している。このように社会に目を配って新しい技術を理解し、いままでにない創造的なしくみをつくりつづける研究活動を二〇年も続けていると、おのずと方法論が確立してくる。この方法論を大学の研究だけではなく実社会にも活用してみようと小さなコンサルティング会社の経営もおこなっている。以前大学の資源を活かしたビジネスをおこなうことを文部科学省が奨励したときに、手を挙げて大学に許可をもらって始めたのだ。以来、新規事業や商品開発に興味をもつ会社をクライアントとして活動している。

最近では、デザイン思考とは創造性を経営に反映させる方法論だという認識が徐々に生まれてきており、新しい動きを感じることも多いものの、日本では基本的に創造性の価値について真剣に考えている企業経営者は少ない。国際競争力のもっとも大切な要素

★ダボス会議　毎年スイスのダボスでおこなわれる、独立非営利団体の世界経済フォーラムの年次総会。企業のトップや各国の政府要人が一堂に会し、幅広い分野について集中討議がなされる。
★★ http://www.ideo.com/news/archive/2006/01/

になるであろうと言われている創造性とそれを可能にするデザイン思考を活用した創造の方法の有効性を認識してもらいたい、というのが本書執筆の動機である。

デザイン思考について話を進める前に、現在の企業経営の基本的な原則である効率性あるいは生産性について、すこし話をしておきたい。日産自動車のカルロス・ゴーンは、経営者の鑑《かがみ》としてよく例にあげられている。彼の功績は、経営不振に陥った日産を蘇らせたことである。彼の仕事を振り返ると、各部署から若手エースを集めて「日産リバイバルプラン」をつくりあげ、実際にプランどおり、倒産寸前とまで言われた日産自動車を一年で黒字転換させたこと、競合他社のいすゞ自動車からデザイナー中村史郎《なかむらしろう》を引き抜いてデザイン部門のトップに抜擢《ばってき》したこと、世界的に一世を風靡《ふうび》したフェアレディZを復活させて日産のブランドイメージを立て直したことなどがよく知られている。見方によっては新しい創造性を実践した経営者と言うことができる。しかし『日経ビジネス』二〇〇六年七月二四日号によれば、日産の経営を分析する視点から見ると、ゴーンが日産でおこなったことは、実際には全従業員の一四%にあたる二万一〇〇〇人の削減、村山工場などグループ五工場の閉鎖、系列メーカー一三九〇社の株式売却などによる経費の削減であり、企業システム再構成という伝統的な経営手法であったのだ。このような形で攻めていくのが、一九八〇年代以降のデフレ下の経営者だった。

ゴーンのような経営を裏付ける理論としてよく知られているものに、ハーバード・ビジネススクールのマイケル・ポーター教授が提唱した「競争戦略」がある。競争戦略とは、事業においていかに自社の市場地位を強化し、有利な位置を確立するかを説いた戦略のことである。ポーターは、著書『競争の戦略』★の中で、競争相手に打ち勝つための基本戦略として、コストリーダーシップ戦略、差別化戦略、集中戦略という三つの方向性を示した。この競争戦略にしたがって、経営資源を集中化して、経費を削減しながら競合他社と競争していくという経営方法は、日産自動車のみならず、日本のほとんどの大企業で採用されている方法である。

このような経営手法でもっとも代表的な人物は、GEの前CEOのジャック・ウェルチである。ウェルチは、会社経営にシックスシグマを活用した人物として知られている。シックスシグマとは、データの統計学的な解析に基づいて製品の不良品率を引き下げる品質管理手法のことで、ビジネスにおけるあらゆるエラーや欠陥を一〇〇万分の三～四件以内に抑えるシステムを構築しようという考え方のマネジメント手法である。σ（シグマ）とは、統計学用語の標準偏差のことで、平均からの「バラツキ」を示すものであ

★M・E・ポーター、土岐坤・中辻萬治・服部照夫訳、ダイヤモンド社、一九九五年（新訂版）

る。具体的には、もっともレベルの高いとされる6σ（シックスシグマ）とは、一〇〇万個に三〜四件のエラーが起こる確率を表わし、5σでは二三三件、4σでは六二四〇件のエラーとなる。ウェルチは、このシックスシグマの経営手法を使いながら経費を削減する一方で、利益の出るところに経営資源を集中して大きな利益をあげた。

しかしこのような経営戦略の方法をとっても、もはや利益は出なくなってしまったというのが、冒頭で紹介した『ビジネスウィーク』二〇〇五年八月号の主旨である。従来の経営手法においては生産性には直接関係しない、あるいは経営には直接貢献しないと思われていた「創造性」を重視する体質へと企業は変わっていかなければならない、というのがビジネスの流れなのである。

知識がコモディティ化する

このような変化の中で一番特筆すべきことは、経営において、利益あるいは利潤を生み出すものとされていた技術や知識が、もはや利益を維持するための切り札にはならないということなのだ。知識や技術は、先進国や先端を走る企業が特権的に所有するものではなくなってしまった。インターネットを介して知識は瞬時に世界に広がり、技術者

は飛行機でどこにでも自在に移動できるようになっている。知識がコモディティ★にな
ったのだ。

コモディティ化については、かつて入手が困難で贅沢品であったポロシャツを例とし
て説明することができる。フランスのテニス選手であったルネ・ラコステは、自分の名
前を冠したラコステのブランドを一九三三年に創立した。ラコステのブランドの日本へ
の輸入が開始されたのは一九六五年だが、当時ポロシャツをつくることができる企業は
限られていて、ラコステのポロシャツは非常に高価な商品だったことを覚えている人も
多いだろう。ところがいまではどこでも類似のポロシャツを生産することができるよう
になり、ユニクロやGAPなどのカジュアルウェアの店で良質のポロシャツを安価で購
入することができるようになったのである。

このような現象を経済学では、商品がコモディティになると説明する。つまり、かつ
ては高級品だったポロシャツが、いつでもどこでも買えるようなコモディティになった
だけではなくて、高度な教育と豊かな経済力が必要とされていた先端技術が、ポロシャ

★コモディティ　製品の機能や品質があるレベルに達して、どの製品でもほとんど変わらないような日用品や普及品のこと。通常、コモディティ化した製品では、ブランドは効力を失い、価格は下落する傾向にある。

ッと同様贅沢品ではなくなり、どこでも誰でも入手できるようなコモディティとなってしまったのだ。ひとたびコモディティとなってしまうと、もはや競争は人件費でしか決まらない。したがって、高度な知識、高度な技術をもっていながら人件費の安い国、たとえばインドのような国が、世界で大きく注目を浴びるようになってきているのもこの流れである。

技術や知識といった二〇世紀の先端的なビジネスを支えてきた資源がコモディティとなってしまったとき、先進国であるアメリカや日本の企業が、価値のある、あるいは利益の出る商品をつくっていくためにはどうすればいいのか。いくら経費を削減したところで、圧倒的に人件費の安い国の労働力にはかなわないし、知識や技術力においても競争することができなくなってしまった。何か別の方法で競争力をつけなければならなくなってきたのだ。

その切り札が、「創造性を用いた経営」だ。ここでいう創造性とは、つくりだしたプロダクトで人の心をつかまえる、人がそれを見て感動する、持っていて嬉しくなるといったことを意味する。その視点で経営を見直したときに、創造性を経営の中心に据えた新しい経済戦略が登場してきたのである。『ビジネスウィーク』はこのような経済戦略のことを「デザイン戦略」と呼んでいる。この戦略の背後にあるのがデザイン思考なのだ。

デザイン思考とデザイン戦略

かつて、デザインという言葉は単にプロダクト・デザインやグラフィック・デザインなどのことを意味していた。経営者がデザインという言葉から思い起こすものは、たとえば企業が有名デザイナーとコラボレーションして開発した商品や、キャラクターを使った商品や広告のデザインだ。経営にデザインを取り入れるというのは、デザイナーとのコラボレーションによって、商品の外形をデザインするというふうに考えられているのが一般的である。携帯電話においては、人気デザイナーがデザインしたということが売りのものが人気を呼んでいるし、住宅という高額商品においてもデザイナーズ・マンションが数多く建設されて、他の商品との差別化を狙っている。

しかし、本書においてデザインと言うときにはこれらとは意味が異なる。デザインという行為は、自分が普通に暮らしている日常世界を他者の目で眺めるところから始めて、何か新しいアイデアを思いついたら、それを表現する構成を考えて、さらに最終的なスタイルを決定するという作業のことである。デザイナーはこのプロセスの専門家であると言っていいが、その根底にある考え方は多分にプロセスと分かちがたいものとなっている。つまり、これが「デザイン思考」であり、それは会社の経営にも役立てることができる。IDEOの社長兼CEOであるティム・ブラウンは、二〇〇六年のダボス会議で、デザインとは「クールで可愛いものをつくる以上の行為である。企業の未来をつくりだす活動にデザイン思考を活用することができるのである」と述べている。

そして「デザインプロセス」と「デザイン思考」を経営戦略の要《かなめ》として使うというのが、デザイン戦略である。

「戦略」という言葉について説明しておこう。戦略は長期実行計画という意味と、問題を解決するための最適の方法という意味の二つがある。本書では後者の意味で戦略という言葉を使っていく。従来では、企業が利益をあげていくための戦略といえば、コスト削減と効率化と技術革新が中心であった。本書でデザイン戦略とわざわざ言うときには、企業が利益をあげていくための課題が創造性と想像力とイノベーションにある、ということを主張している。

観察対象に感情移入し、見慣れた日常生活を他者の目で見ることがデザイン思考の第一歩であるが、この方法で「経験を拡大する」価値についてはマーケティングの世界で一度論じられたことがある。それはコロンビア大学のバーンド・H・シュミットが提唱し、一九九〇年代の終わりにマーケティングの理論として登場してきた経験価値マーケティングである。

経験価値マーケティングとは、企業は商品やサービスを売っているのではなく、商品やサービスが提供する経験を売っているのだという考え方に基づくマーケティング理論である。これまでの伝統的マーケティングは、製品・サービスの特性や利便性を追求して差別化を図ってきたが、それだけでは消費者の複雑な要求に応えることができなくなってしまった。消費者はむしろ、製品・サービスのもつ機能や便宜以外の「プラスアルファの魅力」を求めている。製品を使っているときの快適さや使い終わったあとの余韻、サービスを受けているときの楽しさなど、心地よい経験（価値）が消費者を惹きつけるのだとシュミットは著書★の中で説いている。

マクドナルドでは一〇〇円のコーヒーが、スターバックスでは（一番小さなサイズで）三〇〇円で売られている。でも皆は喜んで買っている。経験価値マーケティングの視点からすると、スターバックスでコーヒーを買うことは、実はただ単に飲むコーヒーを買うのではなくて、かぐわしい香りに包まれてソファーに座ってゆったりと本を読み

★『経験価値マーケティング　消費者が「何か」を感じるプラスαの魅力』、嶋村和恵・広瀬盛一訳、ダイヤモンド社、二〇〇〇年

ながらコーヒーを飲むという知的経験を手に入れることである。したがって、スターバックスのコーヒーがマクドナルドのコーヒーに比べて三倍も高くなっているのである。

経験価値マーケティングの人たちは、このように経験を創造する製品やサービスを開発することが大切だと主張してきた。だがどのようにして経験を拡大すればいいかに対しては方法論的な答えを用意していない。またその経験をイノベーションへと結びつけるしくみも説明しない。こうした問いかけに対してまとまった方法論として答えるのがデザイン思考なのである。

デザイン思考主導のイノベーション、あるいは創造性の手法はこのように経営手法として大きく取り上げられているが、アメリカ合衆国においてもこの考え方が次の時代の経済的競争力の核であるとは、かならずしも広く受け入れられてはいない。

パルミサーノ・レポート

アメリカにおいても多くの経営者の一般的な考え方は、中国やインドとの経済競争に打ち勝つためには、さらに科学と技術の能力を強化すべきというものである。つまり技術イノベーションの重視である。たとえば「イノベート・アメリカ」、通称「パルミサーノ・レポート」を見てみよう。★ 二〇〇三年一〇月、アメリカ政府は全米イノベーション・イニシアティブを設置し、その委員長にIBMのCEOであるサミュエル・パルミサーノが就任した。彼が作成したこのレポートは、二〇〇四年一二月の全米イノベーション・サミットで発表された。

パルミサーノ・レポートでは、アメリカはいまのところ生産設備のイノベーションにおいては優れているが、アジア諸国が力をつけてアメリカを追いかけており、将来にわたって経済成長が続く保証はないと述べている。知識のコモディティ化の流れの中で、インド、韓国、中国などが競争力をつけてきている。パルミサーノはこうした国々を「エマージング・タイガース」と呼び、技術イノベーションが加速していると分析している。単に労働力が安いだけではなく、知識においても競争力をつけて国際競争市場に参入してくるこれらの国々に対しては、パルミサーノは科学技術の強化によって対抗すべきだと提言している。アメリカが将来にわたって経済成長を目指すなら、彼らとは異なる戦略が必要であり、科学技術教育に力をそそぎ、国家として技術イノベーションに

★CNET Japan ブログ「坂本健太郎のIT業界マーケティング活用術」を参考にした。「イノベートアメリカ・米国の次世代技術戦略—Part2：パルミサーノレポート概要」(October 2, 2005)、http://japan.cnet.com/blog/sakamoto/2005/10/02/entry-part2/

向けた戦略を採用すべきで、それはいままでの技術イノベーション戦略ではなく、科学者やエンジニア、製造者とユーザーの協力関係を演出していくような戦略でなくてはならないという。

戦略的な人材育成が必要だとして、どのような人材が必要なのだろうか。パルミサーノ・レポートの人材の定義は実は二つの流れが混在していて未整理だ。まずイノベーションを担うのは人間であり、その育成が必要であると述べ、その人材とは科学およびエンジニアリングの知識を創造するものだとする。その一方で、協業の文化を理解し、研究と商品化の流れをお互いに有機的に結びつける能力があり、新しい産業を生み出すことができること、生涯にわたって新しいスキルを身につけることができることとしている。

だがこのような技術戦略でほんとうに勝ち目はあるのか。たしかにパルミサーノ・レポートはビジネスをめぐる環境が激変していることを明確に指摘しているが、その処方箋は科学技術知識の強化、という従来の戦略のままである。

ところが、最近になって、一九九〇年代にあれほど議論された知識の重要性に対して、GEやP&Gの経営者から疑問が突きつけられたのだ。科学技術の差別化だけでは競争力を保てないのではないか。しかし科学技術を市場と結びつけるというMOT★教育だけでも真に産業界を引っ張っていく人材を育成することはできないのではないか。かといってコストと効率性の視点からビジネスを考えていく従来のビジネススクールの方法では次の時代の市場を切り開いていくことはできない……。こうした疑問を呈しているのが、経営のデザインを前面に打ち出しているアップルやナイキのような会社ではなく、伝統的な巨大企業であるGEやP&Gであるところがポイントだ。

彼らの主張はこうだ。あらゆる企業の活動はアウトソースされ、工場設備はアジアへと移っていった。この流れは止まらないだろう。その結果アメリカの企業に残ったものは何か？　価格競争力も品質も技術力も、さらには知識ですらもアメリカの特徴ではなくなってしまった。中国、インド、ハンガリー、チェコ、ロシアなどの低賃金国は労働力だけではなく、技術力や知識においても競争力を増している。前述したように九〇年代にあれほどもてはやされていた「知識」が「コモディティ化」しているのだ。優秀なエンジニアや科学者はアメリカや日本だけではなく、労働力の安い国にもたくさんいる。したがって、知識と技術の優秀さだけで商品を開発していたのではこれらの国からやっ

★ＭＯＴ　Management of Technology の略で、「技術経営」と訳されることもある。すぐれた技術を理解したうえで、それを実際の経営戦略に結びつけることができる人材を育成するのがＭＯＴ教育の目的とされる。

てくる商品と市場で競争できなくなる。

ではどうすればいいのか。

その問題を試行錯誤して解いたのがGEでありP&Gであった。彼らはデザイン思考を学び、それに基づいて企業戦略を立案した。科学技術戦略ではなく、科学技術を真に市場と結びつけるデザイン・イノベーションの方向にアメリカ経済は舵を切っていこうとしているのだ。

二一世紀に生き残るためには、先進国の企業は創造的にならなくてはいけないのである。創造性はいままでは芸術家の専売特許であり、企業においては広告やデザインの分野で考える問題であった。しかし、経済活動の根本を技術や知識ではなく創造性に変えないと、アメリカは、そしておそらくは日本も生き残れないのだ。

この変化はアメリカ社会の深層を突く。なぜなら、アメリカこそが高度な大学教育、素晴らしい研究所、世界中からやってくる利発な移民たち、そして、起業をいとわない精神を誇っていた国だからだ。ところが現実を見ると優秀なエンジニアや科学者はアメリカ以外の国にいるではないか、と先の『ビジネスウィーク』は問いかける。アメリカや日本のようないわゆる豊かな先進国の若者は、ある意味単調な技術習得や科学実験をあまり好まない。豊かで平和な国に育った若者たちは頑張らない。その若者を「鍛える」のではなく、豊かさが育んだ感性や創造性など、よい面に注目しよう、というわけである。

GEと競争戦略――日本の見方

ところで、経営には創造性が重要である、ということに多くの日本の経営者たちも気がついていない。日本の経営者はまだ、会社の経営は競争戦略で成り立っていく、リスクなどおかさないで経営資源を集中させて経費を削減すればうまくいくのだと思っているのである。

このことが端的に表われていたのは、『ビジネスウィーク』で経済が知識から創造性に変わるという特集があった二〇〇五年の、ちょうど同じ頃に日本で発売された『日経ビジネス』の記事である。

『日経ビジネス』二〇〇五年七月二五日号の表紙にはGEの会長でありCEOであるジェフ・イメルトの写真が大きく掲載されている。「GE 世界最強の秘密」の特集号である。ジェフ・イメルトが会長になってからGEは二ケタ成長を続けており、利益額は前任者のジャック・ウェルチ会長時代を超えていると記事は続く。時価総額が四一兆円

（ちなみに日本のトヨタ自動車は二一兆円：二〇〇六年六月現在）で、二〇〇四年一二月期の決算では売上が一五二三億ドル、純利益が一六五億ドル。前年比で一〇％の成長であり、二〇〇六年一～六月でも純利益が八六億ドルで前年比の二一％増である。

急激に会社を成長させたウェルチが引退して、イメルトがCEOとなり、彼はどのようにして会社を経営していくのかと世界が注目していた矢先だった。素晴らしい業績をあげた理由についてイメルトは、成長分野の発見と高い技術力の賜物だと答えている。なかでも環境技術を駆使する「エコマジネーション」というプロジェクトを発足させて、利益をあげながら環境への負荷を減らすことに成功した、とも述べている。またトヨタの方式とシックスシグマの方式の両方を取り入れた「リーン・シックスシグマ」という方法で経営をしているとも語っている。コスト削減に焦点をあてたシックスシグマにくわえて、時間を短縮することを試みているトヨタの手法を導入したというのだ。ではなぜ、そのような経営が可能になったのか。

『日経ビジネス』はその理由として成長分野を探し出し、堅実に儲ける運営手法を採用し、技術と人を徹底開発したことを挙げている。なかでも基礎研究に力を入れながらも市場動向を見据えていく方法が素晴らしいと説明する。また自社と顧客との接点を意識するために営業やマーケティングにも力を入れ、顧客志向の人材教育を徹底しておこない、商品開発に活かしていくという。そして記事はこう締めくくられる。「GEは高い利益を貪欲に求める軸を持ちながら、どの市場に入るかという高所からの分析と、自社の人材と技術の開発という地道な活動を妥協なく続ける」

この『日経ビジネス』の記事は日本の当時の経営者の価値判断をよく反映している。経営者が意思決定をするときに、しっかりとした基礎研究をおこない、技術を磨き、よき人材を育成し、顧客の意向をよく聞いて商品開発をおこなうことが大切だ、と述べているからだ。だが、GEの快進撃の理由は本当に日本人のビジネスパーソンにとって非常にわかりやすいこのような価値観ゆえなのだろうか。

GEの戦略の本質

GEの成功をアメリカのビジネス界ではどう見ているだろうか。アメリカの雑誌『フォーブス』二〇〇五年八月一五日号が『日経ビジネス』と同じように、イメルトが表紙を飾っている。特集のタイトルは「The Next Big Business: Cleaning Up the World. GE Goes Green」、訳すと、「次の大もうけは地球をきれいにすること! GEが環境保護のビジネスを始める」とでもなるだろうか。

『フォーブス』の論調は、GEが風力発電や水の浄化、排ガスを考慮した航空機エンジンやタービンなどの開発を始めた、まるで熱狂的な環境保護主義者みたいだ、こうした活動をしていることを広く社会に認知してもらうためにエコマジネーションというイメージキャンペーンを多額のお金を使っておこなっている、いったいどうしたのだろう、というものである。

日本からではわかりにくいが、GEは環境保護主義者がもっとも嫌っていた会社である。合法的であったにせよハドソン川流域で七、八〇年ものあいだ汚染物質を垂れ流しつづけた会社なのだ。それがいまや環境保護を前面に打ち出したキャンペーンをおこなっている。このキャンペーンはGEの商品を売るためのキャンペーンである。イメルトは環境保護主義者たちとの対立を避けて、彼らと共同で商品開発をする道を選んだのだ。

GEはエネルギー会社や重化学工業の会社のトップたちとニューヨーク州クロトンビルの研修所で「夢のセッション」をおこなった。そこでGEは、顧客である彼らの「欲しいものリスト」を得ることができた。安全な原子力発電設備、環境を汚染せずに石炭を燃焼させる技術、効率的な下水処理システムなどである。それをグリーンオーダーというコンサルティング会社が検討して、環境を浄化するとともに利益を生み出すことができるプロジェクトをいくつか選び出したのである。その一方、マーケティング部門を統括する副社長のベス・コムストックは連邦政府の動向を調べて、社会が二酸化炭素の排出を規制する流れにあることをつかんでいた。その結果、『フォーブス』によると「タバコ会社が肺がん専門の病院をチェーン店として経営しているような感じ」のエコマジネーションのキャンペーンが始まったのである。

エコマジネーションのキャンペーンのもと、GEは多くの製品を環境にやさしい形に変えていった。風力発電の装置を開発し、原子力発電所のガスタービンの効率性を大幅にあげた。さらに水を浄化する装置を開発し、石炭を安全に使うことができるタービンエンジンを新たに開発した。さらには効率性の高いジェットエンジンや機関車のニーズも高いと判断している。

エコマジネーションは汚染された地球を掃除する装置を新たに開発するというプロジェクトである。ジェフ・イメルトはジャック・ウェルチのシックスシグマの考え方とは異なる思考方法を導入して、環境に配慮しながら利益をあげることができる会社のしくみを創造したのだ。

企業の階層構造のトップに立つCEOが、顧客あるいは消費者が欲しいものは何か、これをつくったら売れるか、消費者が喜ぶかを真剣に考え始めたのである。実際にGEの顧客を調査してみると、皆が環境汚染を気にしていた。GEの顧客とはエネルギー会社や重化学工業会社、鉄道会社などなのだが、彼らがもっとも困っていることは、二酸化炭素を排出していると言われて、消費者から嫌われていることだった。そうであれば、環境を浄化するという仕事をして顧客に喜ばれようと、発想を転換させた。GEが顧客に好かれる会社に変わったのだ。

イメルトの前任者のウェルチが、シックスシグマの実践により、生産性と効率性の向上を推進したのに対し、イメルトは、顧客の意向を調査した上で、イノベーションとイマジネーションを強化する方向に正面から取り組み、結果としてGEは売上を大幅に伸ばした。

実は、イメルトが採用したのはデザイン思考であった。

イメルトはウェルチからシックスシグマを受け継いだが、この方法で二一世紀、GEが生き延びていけるとは思えなかった。そこで彼は研究と市場のニーズを結びつけるために五〇億ドルの予算で八〇もの新しいプロジェクトを発足させた。そして、様々な領域にGEのプロダクトを投入していった。

イメルトはマネジャーたちに消費者の視点でものを考え、プロジェクトを立案して責任を取れと要求する。電力をつくる方法をガスタービンを回すだけではなく、風力や太陽熱にまで広げて、売上を急速に伸ばしている。そしてイノベーションを推し進めるための専門の役員を採用したその活動をＣＥＮＣＯＲ★と名付けた。

ＣＥＮＣＯＲの基本は簡単である。

ステップ①観察　現場に行って直接消費者を観察する。ショッピングモールに行って消費者を観察してもいいし、レストランで食事をしている家族を観察してもいい。また病院で患者を観察してもいい。

ステップ②仮説構築　その観察をもとに仮説を立てる。いくつものプロトタイプを繰返しつくり、たくさんのアイデアを出す。この作業の中でコンセプトが明確になってくる。

ステップ③デザイン　実際に商品やサービスを市場に投入するには、何を残して何を省いて実装するかを考える。これは狭い意味でのデザインという作業である。

ステップ④市場での検証　できるだけ早く商品やサービスを市場に出して、市場の反応を見る。

★ＣＥＮＣＯＲ　Calibrate, Explore, Create, Organize and Realize の略。

こうしたデザインプロセスの流れを支えているのは、消費者が商品やサービスを利用しているときの物語を提供できているかどうか、だという。このあたりは後の章で詳しく見ていく。デザイン戦略の最終目標は、競争戦略的な体質を捨てて、創造性を重要視する組織へと変わることだとイメルトは述べている。

デザイン思考とは顧客主体のイノベーションの手法である。イノベーションの導入はGEに限ったことではない。最近のボストンコンサルティンググループの調査によると、多くの経営者が企業の生き残りのためにはイノベーションが必要であると認識している。だが、その一方でイノベーションに投資をしても効果がないと思ってもいる。実際イノベーションの試みのほとんどは失敗に終わる。このジレンマを解決する手法が求められているのだ。

GEのイメルトのとったデザイン戦略はここ二〇年ほど言われてきたイノベーションを実現するための戦略とは少し異なる。イノベーション研究は商品づくりの技術の議論として研究されてきた。このような流れでのイノベーションと言えばクレイトン・クリステンセンの『イノベーションのジレンマ』★が有名である。だが彼の研究はマクロレベルでのイノベーションの研究である。これとは異なり、最近注目されているイノベーションはミクロレベルのものである。どのようにして顧客の気持ちに訴えかけるか、そのために研究と開発と顧客のニーズをどのように結びつけるのか、さらにはこのようなイノベーションを継続的におこなうためにどのようにすれば従業員のやる気を引き出して、自発的に創造的なイノベーションに挑戦する気になるのか、そういったことを考えるのが新しいイノベーション論である。新しいことをおこなうためには企業は組織を変革して企業価値を変えていかなくてはいけない。技術論ではないのだ。

ＧＥは顧客が環境汚染を気にしているなら、その問題を解決するための商品を開発する、という方針で環境にやさしく地球をきれいにする様々な機器を開発した。そのために用いた彼らのデザイン戦略が、先ほど述べたＣＥＮＣＯＲである。イメルトはＧＥをイノベーションを引き起こす創造性に満ちた会社にするために、テレビ業界に精通したベス・コムストックを最高マーケティング責任者（ＣＭＯ）として任命した。

これまでイノベーションといえば継続的なイノベーションとラディカルなイノベーションに分けて議論することが普通であった。すなわちシックスシグマ的な改善の積み重ねのイノベーションと、経済のしくみを根本から変えていくイノベーションである。イノベーション論の大半を占めていたのは、後者のような破壊的イノベーションをどのよ

★　玉田俊平太監修・伊豆原弓訳、翔泳社、二〇〇一年（増補改訂版）

うにマネジメントするかに関するものだ。つまり、競争相手を蹴散らして大きな利益をあげるとともに、価格破壊を引き起こし、競争の根源を変えてしまうようなラディカルな技術イノベーションを生み出す独創的な人間をマネジメントすることが課題だった。

しかしながら最近注目されているデザイン駆動型のイノベーションは技術的なイノベーションを前面に出すものではない。といって改善を積み重ねるような地味なイノベーションでもない。創造活動として新しい商品やサービスを生み出していくイノベーションなのである。またそうした活動ができる個人をマネジメントするのではなく創造的な組織を構築してマネジメントする動きでもある。

創造性を経営の中心に置く会社がいままでなかったわけではない。スティーブ・ジョブズが率いるアップル・コンピュータは言うまでもなく創造的な会社であり、デザインとイノベーションでマーケットの風景を一変させてしまった。だが、二〇〇一年にイメルトがGEを創造的な会社に変えようとする試みを始め、それが成功したことで社会の流れは大きく変わることになる。というのもGEの経済規模と産業構造に与える影響を考えると、GEが変わったということはアメリカの経済が創造性を重視する経済へと大きく舵を切り始めたことに他ならないからだ。

イメルトは「創造性と想像力をビジネスの言葉で言うなら、イノベーションである」と言っている。

イメルトはくわえて「GEでは、リーダーは想像力が豊かでなくてはいけない。想像力のあるリーダーは新しいアイデアに資金をつけ、よりよいアイデアを探すべくチームを引っ張り、さらにリスクを恐れないよう部下を指導しながらチームを運営していく」と述べている。シックスシグマで理想とされていたリーダーは現場を渡り歩き、無駄を省くための改善をひたすら実行する人のことであった。なんという違いだろうか。

P&Gのデザイン戦略

GEのイメルトより早く企業の組織と文化を創造性の方向に向けた経営者がいる。これも巨大企業であるP&GのA・G・ラフリィである。★ラフリィがCEOになる前、P&Gは毎年同じような売上をあげていた。顧客が何を求めているのかを調べてそれにしたがって商品を開発するという文化はなかった。P&

★ラフリィはGEの社外重役としても役員会に出席をしている。アメリカの企業においてもっとも創造的であると言われている経営者が席を並べているのだ。

Gといえば化学工学とマーケティングが優れている会社というのが一般的なイメージである。ユーザーがP&Gの製品を使ってどのような経験をしているのかなどには、まったく興味をもっていなかった。

かつてのP&Gであれば、八種類のクレスト（P&Gの歯磨き）を店の棚に置きなさい、と小売店に言えばそうしてもらえた。ところが大型小売店が登場してきて力を増すにつれて、P&Gは小売店に指図することができなくなった。マーケットは飽和状態で売上は伸びず、あとはロジスティックスを操作するくらいしか改善の余地がない。そのため、P&Gみずから消費者がどのようなものを求めているかを調査して魅力的な商品を開発する必要が生まれてきたのである。ラフリィは二〇〇一年にCEOになると、会社の戦略を立てるにあたって、デザイン思考に注目し、二〇〇一年にデザイン専門の部署を設立し、デザインとイノベーションと企業戦略を統括する副社長を新設し、クロウディア・コチャカを抜擢した。

P&Gの企業文化を内部から変えることは不可能だと考えた二人は、多くの役員や部長、さらには研究所の科学者たちを解雇した。その一方で商品デザインをおこなう人を数多く雇い入れた。その多くがほかの会社からの転職であった。P&Gとしては初めての経験であったという。次にコチャカは雇い入れたデザイナーと研究開発の担当者が直接仕事をすることができる体制を社内につくった。このことでP&G社内におけるイノベーションのプロセスが一気に変わった。新しい技術が先導していた商品開発の流れが、消費者のほうを向いたものへと変わったのである。さらに、この流れを加速するためにP&Gは複数の外部のデザイン・コンサルティング会社と契約をした。

コチャカはP&Gの各部門の担当者それぞれに、デザイナーと共同でできる作業のリストを出すようにと指示を出した。あるとき、ホームケアの部署が浴室の清掃の問題を考えてみたいと提案した。そこでコチャカはデザイン・コンサルティング会社のIDEOとP&Gのデザイナーとの共同チームをつくることにした。彼らは世界中で人びとがどのように浴室を掃除しているのかを調査した。南アメリカではほうきのようなもので浴室を掃除していた。それを参考にデザイナーたちは小さな掃除用の雑巾に長い取っ手のついたプロトタイプをデザインした。市場調査をしたところ消費者はそのプロトタイプには否定的であった。

しかしながらP&Gはあきらめなかった。消費者が本当に望んでいるものは消費者に訊いてみてもわからない。デザイナーたちの直感を信じて、実際に使うことのできるプロトタイプをつくり消費者に使ってもらった。すると、消費者は新しい製品に肯定的な評価を下したのだ。このプロトタイプはミスタークリーン・マジックリーチとして商品化された。

もう一つP&Gにおけるイノベーションの例として象徴的に語られているのが静電気で汚れをとるスウィッファーというモップである。デザイン・コンサルティング会社のデザイン・コンティニアムがP&Gに古くからあるありふれた「モップ」にイノベーションを加えた。従来のモップで掃除をしている現場を観察すると、汚れを拭き取った後、汚れた水がモップからもう一度床に戻ってしまうことがわかった。そこでデザイン・コンティニアムはほこりをとるために、水の代わりに静電気を使うことを考えて、モップの代わりの製品をデザインした。一九九九年のことである。二〇〇六年現在、P&Gによると、スウィッファーは拭き掃除道具のマーケットの七五%を占めており、七五億ドルの売上がある。P&Gの中でももっとも利益率の高いプロダクトになっているという。あれば便利なのに誰もつくってくれなかった商品をつくれば、大きな利益が出る。この単純なことを、企業はなぜできないのだろうか。それは、組織経営の中に、デザインをするという要素、クリエイティブな要素を評価する環境や制度がないからだ。日常的にイノベーションが生まれてくる組織をつくる必要がある。

消費者あるいは顧客が必要とする商品をつくるイノベーションのしくみを会社の中に構築するために、ラフリィはIDEOに依頼して「体育館」(GYM)と呼ぶイノベーションセンターを設立した。この場所で管理職にデザイン思考を教えるのだ。さらに、社外の人間を集めてデザイン役員会を発足させた。効率よりも創造性を評価する大企業が登場したのである。

アメリカが誇る技術や知識はアジアの国に散らばっていった。ダニエル・ベルが工業化社会の次は知識社会だと予言したが、その社会すらも消えてしまおうとしている。先に紹介した『ビジネスウィーク』ではそれをまとめて、これからの企業戦略を次のように説明する。第一段階は技術と情報がコモディティ化とグローバル化を引き起こす段階で八〇年代である。第二段階はコモディティ化に伴う空洞化、アウトソーシングの時代であり九〇年代といっていい。現在は第三段階で「デザイン戦略」が「シックスシグマ」を代替し始めるときである。第四段階になると創造的イノベーションが成長を推進する時代となり、第五段階で新しい「イノベーションDNA」をもつ創造的企業が勃興する社会が登場するという。

ダボス会議でも注目されたデザイン戦略

こうした流れの中で、前述したようにダボス会議でデザイン戦略がテーマとなった。

二〇〇六年のメイン・テーマは「創造的であれ!」で、中国・インドの台頭や原油高などの通常のテーマのほかに、先例のない画期的なテーマとして、イノベーションとデザイン戦略が大きく取り上げられた。

「イノベーションとデザイン戦略」をテーマとするセッションは総計二二回も開かれ、ビル・ゲイツやグーグルのCEOであるエリック・シュミットなど、ビジネスの世界でもっとも成功している面々が顔をそろえたが、その基調講演とセッションの進行役を務めたのは本章の始めに述べたようにアメリカを代表するデザイン会社IDEOのCEO、ティム・ブラウンであった。ティム・ブラウンは、講演の中で、健康や教育など直接人間に関わる問題を解決しながら、同時にビジネスを成長させ競争に勝つためには創造性の強化しかない、その一番の戦略は、R&D(研究・開発)の先端を消費者のニーズに結びつけることであると述べた。

ダボス会議での基本的な問いかけは、どのようにすればイノベーションを計画的に発生させることができるかであった。イノベーションの根本にある創造性の問題をどのように取り扱っていくのか、その方法を探し求めているのだ。というのも世界中のほとんどの大会社の経営者が、いままでのコスト管理や品質管理の方法では継続的にイノベーションを引き起こす組織を運営することができないことに気がついていたからである。

とりわけサービス産業において、この問題は深刻である。ダボス会議が重大テーマとしてイノベーションを取り上げたのもそのような理由からである。

公開されている議論の内容を見るとなかなか興味深い。「イノベーションと創造性をアウトソースできるか」★と題されたセッションでは、MITのスローン経営大学院の教授のエリック・フォン・ヒッペルが、イノベーションをアウトソースすることが非常に有効であると前置きして、その問題点についても議論している。たとえばP&Gはイノベーションをアウトソースして成功した。だがその場合、知的所有権の問題はどうなるのか。モトローラは台湾で携帯電話をつくったところ、台湾のメーカーはその技術でより安い携帯電話をつくって中国本土に売り込んでしまった、と議論を展開している。ジョン・ヘーゲルとジョン・カオは、「イノベーションを現実の商品にする」★★と題したセッションで、イノベーションのプラクティスの中で何が有効かを議論している。人と人とのつながりなのか、アイデアをいくつもつくることなのか、イノベーションを専門とする部門をつくることなのか、と問いかける。

★英語のタイトルは、Outsourcing Everywhere: Externalizing Innovation & Creativity。
★★英語のタイトルは、Making Innovation Real。

また「イノベーションの概念をイノベーションしよう」★と題されたセッションでは、イノベーションの意味が変わってきていることにも触れながら、今必要なイノベーション創出のためのモデルとはどのようなものだろうかといったことが議論されている。前衛的なイノベーターとして先頭を走るのがいいのか、すばやく二番手としてついていったほうがいいのか？　アップルはデジタル音楽の分野では前衛的なイノベーターではなく、素早い二番手であった。あるいは、最近注目されているオープン・イノベーション★★がもつ問題点は何か、そして、創造性を促進するために有効な指標はどのようなものなのかなども議論している。

イノベーションの意味がデザイン思考の導入で大きく変わっている、という点が大事である。いまでも日本の多くの会社は英雄的ですらあるラディカル・イノベーションを夢見る一方で、経費削減や確実な売上の確保に腐心している。会社の組織の構造が、現場に日常的なオペレーションとラディカル・イノベーションの責任の両方を押し付けているのが現状なのだ。研究所や開発からのアイデアはラディカル・イノベーションの視点からのみ評価され、またその視点からの過激なビジネスモデルを要求されている。一方現場では、目先の問題を処理することに追われている。このサイクルを断ち切らないことには本当に力の強い組織は生まれてこないだろう。

実際問題として、二一世紀の産業が必要としているイノベーションとはどのようなものであるかについて、多くの企業ははっきりとした答えをもっていない。イノベーションに成功している会社は数えるほどだし、本当に創造的な会社の数は知れている。しかしながら、経営者たちは全世界で会社を運営する手法が根底から変わり始めていることを感じている。この変化を乗り切るには現在ビジネススクールで教えているような、そして多くのコンサルティング会社が企業に提案しているような、経営効率を考え経費を削減しながら経営状態を改善する方法ではなく、創造的なデザイン思考を駆使したイノベーションを導入することであると考え始めているのである。

本書では新しいイノベーション、つまりは創造的なイノベーションを可能にするデザイン思考と、その考え方をコアにしたイノベーションを計画的に創出する方法を紹介したいと思う。

★英語のタイトルは、Innovating in Innovation。

★★オープン・イノベーション　新技術の研究・開発を自社内でおこなわずに外部組織にまかせてしまったほうが、自社は付加価値の創造に資源を振り分けられて有利であるとする新しい考え方。

第2章

デザイン思考の試み
——IDEO、Dスクール、そしてiPod

消費者を観察することでアイデアを見つけ、それを実行できるコンセプトをつくり、形を考え、メカニズムを考案して設計し、実装し、消費者に渡すまでの製品やサービスづくりの流れを「デザインプロセス」と呼ぶが、デザイン戦略とは、そのデザインプロセスを経営戦略として立案することである。

デザイン戦略の本質は、デザイナーと組んで製品やサービスをつくることではない。経営、生産システム、あるいはサービスのあり方すべてに、デザイン思考を適用していくことである。つまり、デザイナーが製品やサービスをデザインするときの考え方、ステップ、プロセスを、経営戦略を立案するときや、さまざまなプロジェクトを実行するときの戦略として活用するのである。

デザイン思考を用いたプロジェクトの具体的な進め方については次の章以降で詳しく説明するが、この章では、まずデザイン思考とデザイン戦略を推進している組織の活動を紹介しながら、その考え方とこれからの商品開発の方向性について説明したい。また、デザイン思考の粋《すい》を集めた製品の一例としてｉＰｏｄを取り上げ、そこにどのような哲学やコンセプトがあるのかを探ってみたい。

発想する会社！　ＩＤＥＯ

デザイン戦略の方法を取り入れているもっとも有名な企業は、米シリコンバレーのパロアルトに本社を置くデザイン・コンサルティング会社ＩＤＥＯである。アメリカには数多くのデザイン・コンサルティング会社があり、それぞれ特徴をもっているが、その中でもＩＤＥＯは、「世界でもっともイノベーティブな会社二五社」★の中にデザイン・コンサルティング会社として唯一選ばれている革新的な会社である。

★ボストンコンサルティンググループがおこなった二〇〇六年のサーベイ"The World's 25 Most Innovative Companies"より。ちなみに一位は二年連続でアップル、二位はグーグル、三位は３Ｍ、ＩＤＥＯは一五位である。

ＩＤＥＯのウェブサイトから、彼らの特徴をまとめると次のようになる。

- ＩＤＥＯは常にユーザーの経験を重視した製品やサービスづくりを実践している。
- ＩＤＥＯにとって、良いデザインとはプロダクトだけを意味するのではなく、良い経験を生み出すものである。
- ＩＤＥＯはプロダクトデザインの会社から、消費者に新しい経験を提供するためにサービスをデザインする領域に向かっている。
- ショッピング、バンキング、ヘルスケア、無線コミュニケーションがその舞台となっている。

また大企業に対して、消費者に焦点をあてた組織をつくるようにコンサルティングもおこなっている。その意味では、マッキンゼーなどの伝統的なマネジメント・コンサルティング会社のライバルにもなってきている。マネジメント・コンサルティングの会社は企業をビジネススクールの視点から見る。ＩＤＥＯは消費者を人類学者、グラフィック・デザイナー、あるいは心理学者の視点から見るように企業に提案する。

数多くのデザイン・コンサルティング会社の中でもＩＤＥＯが突出しているのはなぜ

なのだろうか。それは、デザインだけではなく戦略を提供しているからである。IDEOは、クライアントが消費者調査、分析、ソリューションを決定する意思決定の過程に「参加する」ことを要求する。したがって、作業が終わったときには、あらためて「賛同」を取り付ける必要はない。クライアントはすでに何を決定したか知っているからである。IDEOはデザインのプロセスをクライアントと共有する方法をとっている。顧客がイノベーションの文化を構築する手助けをするのがIDEOなのである。

こうした一連の活動をささえているのがデザイン思考である。

IDEOのティム・ブラウンによれば、デザイン思考は次のような順序で実現される。

- フィールドで観察する。
- 自由なアイデアをブレインストーミングを通してつくりだす。
- プロトタイプをつくって考える。
- 物語をつくる。

プロトタイプをつくるということは評価のプロセスでもある。こうした作業を通して、最初から抽象的で整合性のとれた戦略ではなく、プロトタイプをつくる中で検証された

戦略をつくっていく。★

企業の経営戦略が知識から創造性へシフトしていることと連動して、人材育成の現場、教育の現場にも新しい動きが見られる。従来のMBA養成プログラムのような教育方法で経営学を学んでも、創造的な経営をおこなうことはできないからだ。技術とデザインの問題にどのように取り組むのか、明確な方針を出しているビジネススクールはない。

イノベーションのマネジメントの本質は、革新的な製品やサービスをつくる組織を恒常的に運営することにある。イノベーションを生む個人を管理するのではなくて、製品やサービスを生み出す気持ちと仕掛けを学ぶこと、教えること、あるいは調整することが大事である。二一世紀の企業経営を考えるときにイノベーションが大切であるなら、ビジネススクールでこそ、このデザイン思考を教えなくてはいけない。ところが、伝統的にビジネススクールの教え方は、すでに終わったことを知識としてまとめ、それを分析するという手法を使うので、まだ存在しない事例、この世にありもしないことを構想して説得するということを教えることはできない。

もっとも、最近のアメリカのビジネススクールのカリキュラムを見てみると、デザイン関連のコースがかなりたくさん提供されている。創造的な人材を求めるニーズは強い。そのニーズに応えて、いくつかのビジネススクールではデザイン関連の講義を提供しているのだ。たとえば、エグゼクティブ・コースとしてではあるがスタンフォード・ビジネススクールでは、「チームのマネジメント」という五日間の研修コースを提供している。そこではマネジメント手法としてのデザイン戦略を教えている（ＩＤＥＯオフィスの見学が含まれる）。

しかし、デザインの現場をちょっと覗くくらいの経験では競争力を保てない時代になってきている。第1章で、シックスシグマで訓練されたマネジャーでは企業は戦えないことを説明したが、ビジネススクールにおいても同じで、コスト管理と効率性のモデル（その代表はポーターの競争戦略）を教えていては、製品やサービスを生み出していく人材を育成できないのである。そこでビジネススクールではない学校で創造的なビジネスの担い手を育成しようという動きがある。

なかでも注目すべきなのは、スタンフォード大学のＤスクール（Ｄスクールはインスティテュート・オブ・デザインの愛称）とシカゴのＩＩＴインスティテュート・オブ・デザイン（ＩＩＴＩＤ）の二校だ。Ｄスクールは、米国西海岸屈指の名門校としてその

★ＩＤＥＯの手法については以下の書籍で詳しく紹介されている。トム・ケリー＆ジョナサン・リットマン、『発想する会社！――世界最高のデザイン・ファームＩＤＥＯに学ぶイノベーションの技法』、鈴木主税・秀岡尚子訳、早川書房、二〇〇二年

名を世界にとどろかせているスタンフォード大学が大学院教育にデザイン思考を取り入れたということが注目点であるし、一方のＩＩＴＩＤは米国最大のデザイン学校がビジネスの視点を取り入れたというまったく逆方向からのアプローチだが、目指している方向は非常に似ていて興味深い。

スタンフォード大学Ｄスクール

スタンフォード大学Ｄスクール★の動きは非常に興味深い。経験からデザインをおこなう創造のしくみを制度化しているからだ。スタンフォードのビジネススクールは企業やコンサルティング会社、投資銀行などに卒業生を送り出している。こうした企業は、競争力をつけるために創造力のある卒業生を求めている。まえに紹介したエグゼクティブ・コースでも経験を通して創造性とは何かを教えている。たとえば、重い手袋と視界を遮る眼鏡をつけて体の不自由な人が贈り物を包む作業を「経験」する。すると、何が問題であるかがわかる。そのとき、それを解決するために頭が動き始める。それが創造性なのだ、といったことを教えている。

だが、スタンフォード大学はこの動きをもう一歩進めて、ビジネススクールのかわりにデザインスクール（Dスクール）を構想した。ビジネスを学んでいる学生、エンジニアリングを学んでいる学生、デザインを学んでいる学生がコラボレーションしながらプロジェクトを進め、その過程で、デザイン思考、デザインプロセス、そしてデザイン戦略を学ぶのである。この新しい冒険的なスクールはスタンフォード大学の上層部が時代の変化を見て、同大学のビジネススクールに匹敵するプレステージをもつ新しい教育機関が必要だと判断し、スタンフォード大学工学部の教授であり、IDEOの共同設立者であるデイヴィッド・ケリーに企画を依頼して設立した。

デザインスクールはデザイン思考を広く経営や技術の分野に拡大しようとする。デザインの領域を、かっこいい色や形を決める問題から、実際の日常生活での人びとの動きを観察して、人びとの役に立つ何かを発明する活動へと広げている。スタンフォード大学のDスクールの主張は、米国の「知識経済」を支えてきたビジネススクールに代わって、「創造経済」時代にこそ「デザインスクール（Dスクール）」が必要だとするものである。デザインプロセスの提案するソリューションに技術とビジネス戦略をあわせて、それを人間中心の立場から解決するのがDスクールだとケリーは述べる。

★スタンフォード大学「D-School」のウェブサイトはこちら。http://www.stanford.edu/group/dschool/

Dスクールの基本的な考え方は技術とビジネスと人間という三つの視点から同時に製品やサービスを考えて実際のプロジェクトをおこない、そのなかで創造性を学んでいくというものである。対象とする分野を少し調べてある程度の知識を得たら、すぐさまフィールドワークに向かい、人間を観察する。そしてアイデアをつくり、簡単なプロトタイプをつくる。それをユーザーはどう考えるかを調べる。このプロセスを何度も繰り返すのだ。このようにフィールドワークをおこない、プロトタイプをつくりながら考える作業をデザイン思考ということは第1章でも繰り返し説明したが、この考えを軸にした大学院なのである。

デザインは製品やサービスの形を考える分野からデザイン思考とデザイン方法論の研究分野へと変わらなくてはならない。イノベーションを生み出す方法こそがデザインなのだ、とケリーは続ける。イノベーションの方法はいくつかあるだろう。だが消費者、ユーザー、顧客、ようするに人間の立場に立ってイノベーションをする方法がデザインなのだという。

スタンフォード大学の教授で『ビジョナリー・カンパニー』★の著者であるジェームズ・C・コリンズは、イノベーションには創造性と実装能力の二つが必要だと述べている。イノベーションができる人間とは新しいアイデアを思いつくだけではなく、それを実現する方法論を知っている人間のことである。このような人材を育成する制度としてデザインスクールをつくるとケリーは述べている。

Dスクールは基本的にはドイツの巨大ソフトウェア会社SAPの共同創立者であるハッソ・プラットナーがほぼ単独でスポンサーしているプロジェクトである。彼は三五〇〇万ドルをスタンフォードの新しいデザインスクールに寄付した。

Dスクールではこの資金をもとに、形とスタイルを専門に取り扱っていたデザインをデザイン思考とデザイン戦略の方法論へと展開することを試みている。ビジネス、エンジニアリング、医学、心理学、人類学、そしてデザインを学んだ学生を集めて「イノベーション」を教えることがこの大学院のテーマである。

ケリーがスタンフォード大学から新しい大学院を構想する依頼を受けたとき、大学の中のデザイン科でダイナミックなイノベーション・マネジメントを教えることはできないので、これは大きなチャンスだと思ったとビル・モグリッジは私に説明してくれたことがある。テクノロジーとビジネスという人間の価値をデザイン・イノベーションで開拓するというのがDスクールの大きな枠組みだ。ところがビジネススクールでも工学部

★山岡洋一訳、日経BP出版センター、一九九五年

でも、イノベーションを生みだしてそれをマネジメントする方法を知らない。IDEOが一〇年以上にわたって実践してきた活動と大学の中の活動を比べると、IDEOのほうがはるかに先を行っていたという。結局、Dスクールは、スタンフォード大学の中にIDEOの方法を持ち込むプロジェクトとなった。会社の経営はティム・ブラウンに任せ、創業者たちはDスクールの設立の準備にとりかかった。

Dスクールは従来のビジネススクールではなく、プロダクト・デザインのスクールでもない。すでにビジネスを学んだ人、技術を学んだ人、デザインを学んだ人など各分野のエキスパートがデザイン思考による製品やサービスづくりを学ぶための大学院である。大学院の運営方法はIDEOの仕事の方法そのものである。違う分野の出身者数人でチームをつくり、ユーザーを観察して経験を拡大し、プロトタイプをつくりながら製品やサービスを考えてアイデアを洗練させ、イノベーティブな商品をマーケットに送り出す。この方法そのものを、各分野のエキスパートに学んでもらう。

つまり、プロジェクト形式で製品やサービスづくりを進め、製品やサービスづくりのプロセスを最初から最後まで体験し実感することができる大学院なのである。

●●● IIT インスティテュート・オブ・デザイン(IIT―ID) ●●●

Dスクールに見られるような動きはスタンフォード大学だけではない。たとえば二〇〇六年六月の『ビジネスウィーク』のイノベーション特集の中では、全米でもっとも大きなデザイン学校であるシカゴのIIT IDについて以下のように説明している。IIT IDのディレクターであるパトリック・ホイットニーは、コストと品質の管理だけを重要視してきた従来の企業のカルチャーに、創造性を持ち込む方法を提案し、ビジネスとデザインの間の大きな溝を埋める仕事をした。★

伝統的なデザイン教育というのは、そのほとんどが視覚的表現に基づいている。学生たちは、絵を描いたり、モデルをつくったり、ほかのデザイナーがつくったものを見たりすることで学ぶ。これはいまだにほとんどのデザインスクールがおこなっている方法だが、このような方法で学んだデザインをビジネスの世界と結びつけるのは容易ではない。ホイットニーは、従来のデザイン教育の方法とまったく違う方法を生み出した。

★ "Innovation Champion," *BusinessWeek*, June 19, 2006.

一番のキーは、デザイン思考を用いて物事を見るという方法だ。この学校で教えていることの八〇%は、従来のデザインスクールのように物理的に製品やサービスをつくるということではない。学生はユーザーを観察する方法、ユーザーのニーズやイノベーションの問題点を理解するために早い時期にモデルをつくって考えるという方法、新しいプロダクトをつくる際のバランスシートを読む方法、効果的なビジネスプレゼンテーションの方法といったことを学ぶ。

この学校の卒業生は、商品やサービスをデザインするのと同様に、いかにビジネスプロセスをデザインするかということも知っている。デザイナーとしてのものの見方、資質をもって、ビジネスを見られるのだ。

ホイットニーはまた、デュアルコースというコースをつくった。これはデザインとMBAのコースを両方取得するには普通は四年かかるところを、両方一緒に学んで最短で二年半で単位が取れるというものだ。ここの卒業生は、デザイン、企業戦略、マーケティング、ブランド・マネジメント、ビジネスプランニングなどを融合させることがとてもうまいという。

企業はいままで、ビジネススクールで学んだ優秀な人材をマネジャークラスに獲得しようとしてきたが、いま本当に企業が欲しいのは、イノベーションのプロセスをマスターした創造的な人材だ。その点では、IITIDは創造的な人材を生み出す資源としてもっとも期待できるところかもしれない、と『ビジネスウィーク』は説明している。

●●● デザインクエスト ●●●

私がデザイン思考の存在に気づき、注目するようになったきっかけは、最初に紹介したIDEOのビル・モグリッジとの出会いだった。二〇年以上前に遡るが、ある雑誌でデザインを評論したことから彼と話す機会があり、そのときに初めてIDEOの存在を知ったのである。私は当時住宅やインダストリアル・デザインの研究をしていたのだが、モグリッジとの出会い以降、欧米の優秀なデザイナーたちの考え方や仕事の方法に非常に大きな可能性を感じるようになった。とりわけ、プロジェクトをプロデュースする腕前に関してアメリカのデザイン・コンサルティング会社のデザイナーたちの身体にしみついた能力に感心し、非常に興味をもった。そしてアメリカのデザイナーたちの仕事ぶりを日本にも紹介してみたいと思うようになった。

一九九二年、私はアメリカのデザイナーと日本人の企業内デザイナーが一緒にものづくりをするというワークショップのプロデュースをおこなう機会に恵まれた。当時、デザインに力を入れている在阪の企業を中心とした「デザインクエスト」という異業種交流の勉強会があった。主なメンバー企業は、松下電器産業（現・パナソニック）、サントリー、ミズノなどのメーカーで、勉強会の出席者は、デザイン部門のマネジャークラス。勉強会のテーマの一つには、彼らが自らの社内に数多く抱える企業内デザイナーの活性化という問題があり、そのための企画として、アメリカのデザイナーのプラクティスを学ぶデザインワークショップをおこなうというアイデアが出されたのだ。

この勉強会の運営メンバーでもあった私は、すぐにIDEOのビル・モグリッジを思い浮かべ、彼に連絡して、アメリカのデザイナーを日本に呼びたいのだが、デザイナーを選ぶのを手伝ってほしいと頼んだ。モグリッジは自分のブレーンで当時IDEOのサンフランシスコ・オフィスのディレクターだったティム・ブラウン（IDEOの現CEO）を紹介してくれた。ティムは、アフター5の仕事として無償でコーディネーションを引き受けてくれ、アメリカ全土から、自分を含むデザイナー八人を選び、声をかけてくれた。折しも日本はバブル崩壊直後、企業が浮かれ気分から目を覚まし始めた時期だったが、熱心なデザインクエストのメンバー企業の協力もあり、当時まだ珍しかった日米デザイナー合同のデザインワークショップが実現した。

招待したデザイナーは、ティム・ブラウン自身を含め、いまやアメリカを代表するデザイン・コンサルティング会社であるデザイン・コンティニアムのザッカイなど、錚々《そうそう》たるメンバーであった。

このワークショップは、アメリカのデザイナー一人に対して日本人のデザイナー四、五人で一つのグループをつくり、グループごとにテーマを決めて一週間（実質は月曜日から金曜日までの五日間！）で一つのものづくりをおこなうという形式でおこなわれた。

ワークショップ全体のテーマは「シークエンス・デザイン」というもので、一つの製品やサービスをつくるのではなく、行動をデザインする、行動のシークエンスをデザインすることであった。初日、初めて顔を合わせた日米混合のデザイナーたちが、グループごとにさまざまなプロセスを経てデザインの作業をし、最終日の夕方にはプレゼンテーションをおこなった。

そもそも日本とアメリカでは、デザイナーの仕事の仕方に大きな違いがある。アメリカの場合はデザイナーとは皆、基本的にインデペンデントな存在だ。IDEOのようなデザイン会社がデザイン・コンサルティングの機能をもち、企業の経営部門や開発部門と一緒に商品づくりをおこなう。彼らがデザインを提案するときには、少なくともクライアント企業の戦略を理解することが要求される。ときには戦略そのものを立案する。

一方日本では、グラフィック・デザイナーは広告代理店やメーカーの宣伝部などに、インテリア・デザイナーはゼネコンや設計事務所に、プロダクト・デザイナーはメーカーに所属している場合が多い。グラフィック・デザインやインテリア・デザインではインデペンデントの事務所も多いが、プロダクト・デザインでは少ない。最近では深澤直《ふかさわなお》人《と》や山中俊治《やまなかしゅんじ》などインデペンデントで優秀なプロダクト・デザイナーの活躍の場も増えているが、日本のプロダクト・デザイナーは、おおむね企業のデザイン部に所属している「インハウス・デザイナー」と呼ばれる人たちだ。

プロダクトのデザインは技術と密接に関わっている。したがって、企業が外部のデザイナーにデザインを依頼することは、企業の技術に関する機密情報が外部に流出する危険を伴うことから、内部にデザイナーを抱えるようになったのだと思われる。家電メーカーでは、事業部ごとにデザイン部門をもつところもあり、テレビならテレビばかり、ビデオカメラならビデオカメラばかり、日々何年も同じプロダクトのデザインを続けているデザイナーも多い。そういう日本のインハウス・デザイナーたちは、ある種の職人として、とても優秀だ。しかしながら、アメリカのデザイナーのように、企業の戦略を考えながらプロジェクトをプロデュースする、製品やサービスづくりの全体をマネジメントするといった能力は身につけてこなかった。

普段同じものの形や色を少しずつ変化させることがデザインワークになっている日本

のインハウス・デザイナーにとっては、何をつくるか、なぜ必要かを考えるところから始めて、ブレインストーミングをおこない、コンセプトをつくり、モデルをつくり、デザインをおこない、最後にまとめた形にしてプレゼンテーションするというデザインプロセスの流れを、一週間という短い時間のなかで実践できたことは非常に貴重な体験になった。

私にとっても、デザインクエストでのアメリカのデザイナーたちとのワークショップによる経験はたいへん貴重なものだった。それぞれデザイナーたちは独自にデザインプロセスを工夫してデザインワークをおこなっていること、各自のプラクティスを駆使してプロジェクトを進めていたことが非常に興味深かった。

参加した日本企業のデザイナーにとってはもちろん、来日したアメリカのデザイナーにとっても、このワークショップの体験は、非常に有意義だったようだ。その後、IDEOでは自分たちの仕事の仕方そのものも商品として展開するようになった。この方法はのちにディープ・ダイブという手法にまとめられた。

デザインクエストで手がけたのはインダストリアル・デザインであり、ある意味大量生産大量消費のためのプロダクトであった。だが、これからの商品開発はこの方法のままではうまくいかないだろう。新しい経営戦略や製品やサービスづくりの方法が必要とされている。私はこれを「二一世紀のモノづくり」と呼んでいる。

では「二一世紀のモノ」とは何だろう。ものづくりの大切さは近年よく言われている。ものづくり大学ができたり、ロボットコンテストがおこなわれたり、ものづくりを競うような場も多い。そのときの製品やサービスというのは、機械あるいはソフトウェアである。しかし二一世紀の「モノ」づくりとカタカナで表現していわゆる「ものづくり」と区別している理由は、独立したプロダクトをデザインするわけではないことを意味しているからである。

二一世紀のモノづくりとは、ネットワーク環境、あるいはユビキタス・コンピューティングといわれているような、新しい生活環境の中で、人間が使うものをデザインしてみようということである。そういう製品やサービスというのは、我々の日常生活の中に非常に深く入り込んでいると同時に、二〇世紀的な機械やソフトウェアをつくる技術だけでは到達できないものなのである。

単体の商品をデザインするという範囲にとどまっていては、二一世紀における「モノづくり」はできない。いまや巷に溢れるあらゆる製品やサービスがコンピュータ機能をもち、ネットワークにつながり、サービスを受けるためのツールになっている。ハードウェアとしての形や色はもちろんだが、その商品がもつ機能であるソフトウェアと人間とのインタラクション（見栄え、大きさ、形、手で触れたらどうなのか？）、マーケットでのポジショニング、そのモノを使っておこなわれるサービスや、提供されているサービスのしくみ全部を統合して考えていかなければならない。その商品だけではなく、その商品を使うことによって可能になる経験とそれを支援するサービス、さらには、商品とサービスが融合した結果、生まれてくる生活や社会に対するビジョンを思い描くことがデザインの最初の作業である。

デザイン思考から生まれたiPod

二一世紀のモノの非常に代表的でわかりやすい例として、iPodがあげられる。最近になってようやく、iPodがiTunesというソフトウェアとiTMSというコンテンツ流通のしくみと組み合わさって、iPodという大きい産業を形成していると皆が理解するようになった。しかしiPodが登場したときのことを思い出してほしい。

最初のiPodはマッキントッシュ専用のデジタル音楽プレイヤーとして二〇〇一年に発売された。その当時、もうすでにRioのようなMP3の携帯端末プレイヤーは存在していて、二万円台で買うことができた。そこにiPodが非常に高い値段（第一世代モデル四万七八〇〇円）で登場してきた。みな同じＭＰ３プレイヤーなのに、ｉＰｏｄがあんなに高いのは、デザインのせいだと言う人も多かった。

ＭＰ３は正式な名称をMPEG Audio Layer-3といい、デジタル化された音声を圧縮する音声ファイルデータフォーマットのひとつである。これの特徴は、極端な音質の劣化を伴わないで音声データのファイルサイズを削減できることである。音楽などをＣＤ並みの音質のまま、従来の一〇分の一以下のサイズにしてパソコンなどに保存・再生できる。

音楽ＣＤをＭＰ３プレイヤーに入れて持ち歩くためには、ＣＤをコンピュータのハードディスクに取り込み、ＭＰ３ファイルに変換し（これを「リッピング」と呼ぶ）、変換したファイルをコンピュータでＭＰ３プレイヤーに転送するという手続きが必要だ。当時市場に出回っていたＭＰ３プレイヤーでは、ユーザーがこれらの手続きを手作業でおこなわなければならなかった。ユーザーは純粋に携帯端末で音楽を聴きたいだけなのに、聴くという行為に至るまでの道のりが長く煩雑すぎたので、ＭＰ３プレイヤーを買ってもろくに使わないというユーザーが多くいた。

しかし、ｉＰｏｄは他のＭＰ３プレイヤーとは違い、単に音楽を聴くための端末ではなかった。その違いは、ＣＤをリッピングするという行為に表われていた。ｉＰｏｄは

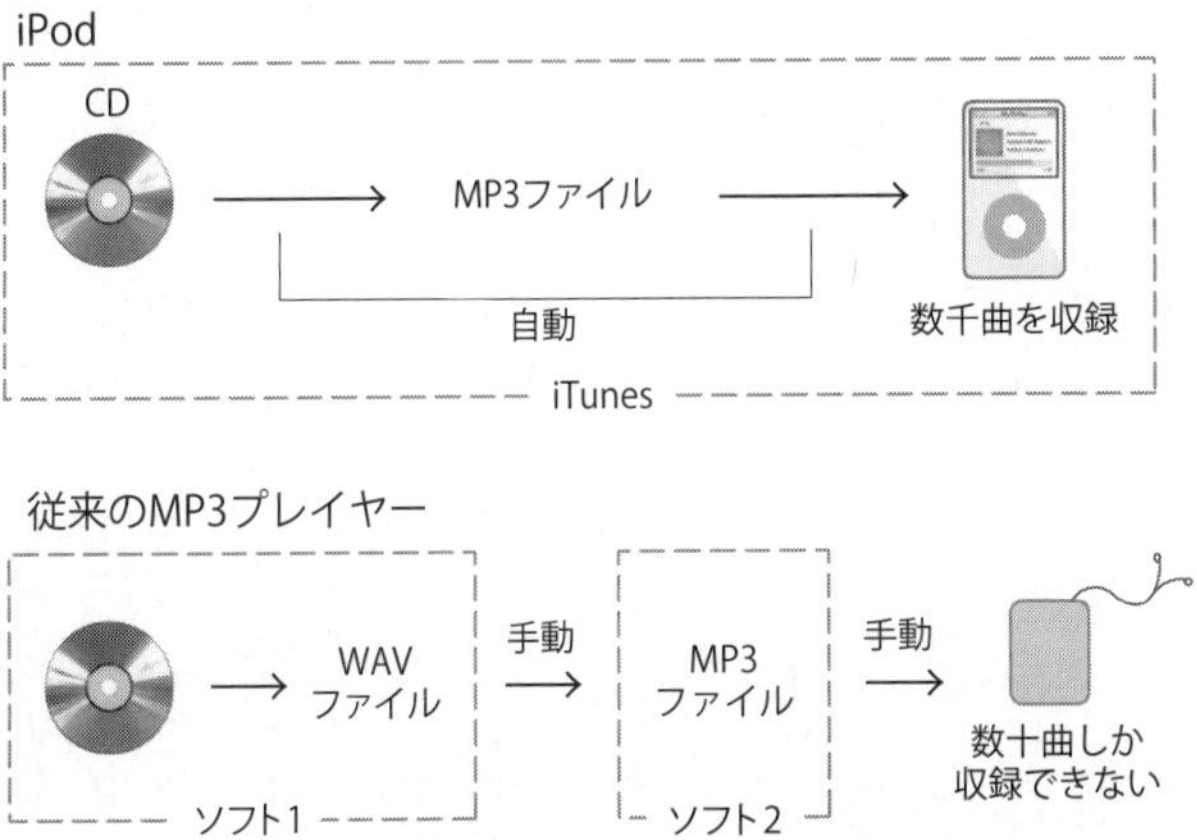

CDから音楽をリッピングしMP3に収めるまでの手間の違い

自分のコレクションのＣＤをリッピング（ＭＰ３ファイルに変換）してｉＴｕｎｅｓの中で整理して、整理したものをｉＰｏｄへ移して聴くというしくみをとっていた。ｉＰｏｄのコンセプトは「ユーザーのすべての音楽コレクションを持ち運ぶ」携帯音楽プレイヤーというものだった。ｉＰｏｄは初代のモデルでも五ギガバイトのハードディスクドライブで、約一〇〇〇曲を取り込むことが可能だった。その当時出回っていたＭＰ３プレイヤーのデータ容量は限られていて、せいぜい数十曲しか入らなかったのだから、画期的なことだった。評論家は値段を酷評したけれど、ｉＰｏｄはすぐにヒットした。

　ｉＰｏｄを二一世紀のモノづくりの代表

例とするなら、二〇世紀後半のものづくりの代表はウォークマンだろう。一九七九年に登場したソニーのウォークマンのコンセプトは、「家にあるHiFiのステレオの音を屋外に持ち出そう」というものだった。当時の携帯できるカセットテープレコーダーの音質はあまり良くなく、家庭においてあるHiFiのステレオの音質にはほど遠いものだった。そのときに、HiFiの音質でヘッドフォンで音を聴きながら街を歩くことを可能にするウォークマンは、人びとに革命的な経験を与えた。三〇年以上前のことである。ハイクオリティの音を聴きながら街を歩くことによって、世界の風景が変わったのだ。

したがって、ソニーの開発者からすると、発売当時さほど音質が良いわけではないiPodで音楽を聴くということが、たいして素晴らしいことには思えなかったかもしれない。しかしiPodはHiFiのステレオで音楽を聴くという経験を提供するだけの道具ではなかった。ここにデザイン主導イノベーションの決定的な特徴がある。

ウォークマンより後に登場したCDの技術によって、さまざまな音楽がCDで提供され、人びとが音楽を大量にコレクションするようになった。大量にコレクションしたCDは、ある意味では処理に困ると同時に、LPレコードのような稀少価値はない。皆がたくさんの音楽のコレクションを持っていて、記憶の中では、あの音楽を聴きたい、この音楽を聴きたいと、さまざまな欲求があったとしても、それを聴くためには、家に居て、自分のコレクションの前に座ってＣＤを聴かなければならなかった。

非常に簡便な装置で、大量の音楽を持ち歩けるＭＰ３プレイヤーと、自分のコレクションを整理するＰＣのソフトウェアを組み合わせたところにｉＰｏｄの凄さがある。ｉＰｏｄはコレクションを持ち歩くという経験を利用者に提供するために、ｉＴｕｎｅｓというソフトウェアとｉＰｏｄを連携させて、ｉＴｕｎｅｓのソフトウェアをもっとも使いやすい形にしたホイール型のインターフェイスを提供した。

一方、当時提供されていたＭＰ３プレイヤーは、インターフェイスが非常に使いにくかった。いまだにｉＰｏｄ以外の携帯端末のインターフェイスは使いやすいとはいえない。

またＭＰ３に変換したデータも、それなりに流通し始めていた。音楽好きの一般ユーザーが、ナップスターというＰ２Ｐ（不特定多数の個人間で直接情報のやりとりをするインターネットの利用形態）のソフトウェアを使って、ＣＤをリッピングしてＭＰ３に変換したデータを交換し始めていた。

著作権を無視したファイル交換が日常的におこなわれたことで、ナップスター社は、全米レコード工業会などに訴えられて敗れたものの、このナップスターが、音楽データをリッピングするというカルチャーを普及させるトリガーになったとも言える。iPodが発売されたのは、リッピングのカルチャーが普及しつつある良い時期だったのだ。

ハードウェアもソフトウェアもMP3データも、ひとつひとつを取ればすでにあった技術だし、それなりに認知されてもいたが、バラバラに存在していたため、さほど普及していなかった。iPodはこれらをすべて組み合わせてひとつのパッケージにしてしまったところが素晴らしいのである。

アップルはiPodを比較的高い値段で販売すると同時に、そこからの収益をiTunesのヴァージョンアップに投資していった。普通、ソフトウェアは価格が安く、それだけを売る場合は利益が出ない。ハードウェアの利益をつぎこんだiTunesは進化を続け、使い勝手の良さと性能が向上し、iPodのインターフェイスの使いやすさから提供される経験の豊かさはほかのMP3プレイヤーでは太刀打ちできないものになっていった。

タンジブルとインタンジブル

iPodは二一世紀のモノづくりの典型である。このモノとは、セオドア・レビット★

が唱えるプロダクト・インタンジブルである。プロダクト・インタンジブルとは聞き慣れない言葉だと思う。またレビットのこの考え方もあまり紹介されていないので、少し詳しく紹介しておこう。

ちょうどＰＣが市場に登場しパソコン通信の商用が始まりかけた頃、「インタンジブル・プロダクトとプロダクト・インタンジブルをマーケティングする」と題された論文が『ハーバード・ビジネス・レビュー』★★で発表された。レビットはこの論文で、従来ビジネスにおいて商品とサービスと呼ばれていた領域をタンジブル（tangible 触れることができるもの）とインタンジブル（intangible 触れることができないもの）に呼び換えることを提案する。

従来、商品とサービスと呼んでいるものをわざわざタンジブルとインタンジブルという新しい奇異な言葉に置き換えるには理由がある。それはタンジブルなものとインタン

★セオドア・レビット（1925-2006）　元『ハーバード・ビジネス・レビュー』の編集者。マーケティングが専門でハーバード・ビジネススクールでの講義は人気を博していた。「顧客は4分の1インチのドリルが欲しいわけではない。4分の1インチの穴が欲しいのだ」という言葉は有名。

★★"Marketing Intangible Products and Product Intangibles," *Harvard Business Review*, May-June, 1981.

ジブルなもののマーケティングにどれだけの違いと共通点があるかがはっきりとしてくるからである。マーケティングとは顧客を獲得し維持し続ける方法を研究する学問である。この視点からタンジブルとインタンジブルなもののマーケティングを見ると、どちらの領域のものをマーケティングする場合においてもインタンジブルな問題を考慮する必要があることと、インタンジブルなものを売るのはタンジブルなものを売るよりも難しいことがわかる。

タンジブルなものは、顧客がそのもの自体に直接触れて経験を確認することができる。たとえば車を購入する前に試乗したり、香水のテスターをかいだりすることである。とは言っても、価格の非常に安価なタンジブルなものは、箱に入っていたり袋に入っていたりして購入前に試すことが難しいものもある。また、厳密にはタンジブルなもののマーケティングにおいても、購入後のサービスなども大切になる。タンジブルなものにもインタンジブルな側面があるのだ。

そこで「パッケージ」が必要になってくる。ピクルスはガラスの瓶に入れられて瓶にはロゴや写真が貼られている。これがパッケージである。当然ながら広告やマーチャンダイジングにおいてパッケージは非常に大事な問題である。消費者に良い印象を与える必要があるからである。

一方、インタンジブルなもの、つまりサービスをマーケティングしようとすると、まずそのサービスをどのように体験してもらうかという問題に直面する。リゾートホテルは、素晴らしい室内と窓から広がる美しい風景、豪華な食堂やロビーなどの写真を広告に使って、ホテルでの滞在というサービスを売ろうとする。あるいはコンピュータ会社なら新聞に全面広告を出し、様々な利用者の経験を並べて、いかにサービスが顧客満足度を向上させているかを訴える。商品の利用経験を消費者に伝えるにはこうした方法に頼るしかない。

だがこの場合も、パッケージが活躍する。たとえばコンピュータシステムの仕様書が高価な紙を使って立派に装幀されていることもある。

人びとが何かを買うとき、つまりはマーケティング的に言うと企業が顧客を獲得するとき、顧客はこのものが自分になんらかの満足を与えてくれるだろうと期待して購入する。「素晴らしいパッケージでサービスを提供する」とは、インタンジブルなものをパッケージというタンジブルなもので表現しているのである。パッケージは提供するものが顧客に与える満足を約束するメタファーになっている。顧客はパッケージの魅力でものの購入を決定する。これはタンジブル・プロダクトでもインタンジブル・プロダクトでも同じである。

タンジブル・プロダクトの魅力向上はプロダクト・デザイナーの仕事である。顧客に魅力的に見えるように外観を整える一方で、製造を担当する部署と連絡をとりながらタンジブル・プロダクトを仕上げていく。そのもの自体はすでに工場で生産管理されているものであるため、一度顧客に気に入ってもらえれば、同じ品質の商品を顧客に提供し続けることができる。一人が一つしか買わないようなものでも、他の人が持っているのと同じ品質のものを買うことができる。マーケティング的に述べると顧客を維持することが容易なのである。

ところがインタンジブル・プロダクトの場合、話は複雑になる。インタンジブル・プロダクト、すなわちサービスは人間が提供するものである。美容院で髪を切ってもらうサービスも、企業へのコンサルティングサービスも、何をするかという「デザイン」のプロセスとどのようにするかという「生産」の工程が同時発生し、なおかつ人間によって遂行されるため、安定的に高品質のサービスを提供することが難しい。タンジブル・プロダクトのような品質管理の方法が成立していないのだ。したがってパッケージの魅力で顧客があるインタンジブル・プロダクトを購入しても、次に同じインタンジブル・プロダクトを購入するとはかぎらない。顧客の維持が難しいのである。

この問題に対しては、サービスの「産業化」が必要であると長い間言われている。その方法はレビットによると三つある。一つは決済にクレジットカードを使ったり電話をかける作業を自動化したりといったオートメーションの手法をサービス提供の活動に導入するハード的な方法である。第二は、工場で一人の職人が一つの製品を組み立てる作業を複数のプロセスに分けて、それぞれのプロセスにおいてそれぞれに特化した専門家を活用するというソフト的な方法である。たとえばビルの掃除というサービスを、ほこりを払う、ワックスをかける、窓を拭くといういくつものプロセスに分割してそれぞれを専門の人間がおこなうしくみをつくる、といった話である。ハードとソフトを組み合わせるのが第三の方法、ハイブリッド技術である。ワックス掛けを人手でなく機械でおこなう、あるいはファストフードレストランにおいて揚げればいいだけにまで前処理されて到着したフレンチフライを、サービス提供者が専用の揚げ器に入れ、ブザーが鳴ったら取り出す、といった作業である。

インタンジブル・プロダクトの品質管理の問題がなぜ大切なのだろうか。それを理解するにはタンジブル・プロダクトが安定した品質を提供できるようになった歴史的背景を知る必要がある。現在、我々が生きている産業社会はいわゆる産業革命がもたらしたものではない。産業革命とは動力が動物からエンジンへと代替されたことによる生産力革命である。いまの我々の世界は産業革命が生み出したものではなく、いってみればマネジメント革命によって生み出された社会なのである。この革命以前はタンジブル・プロダクトの生産は個々人の能力に依存していた。マネジメント革命とは、ものの創造、製造、配送のプロセスを個人の職人の内在的な能力から外在的で合理的な複数のプロセスからなるシステムに置き換え、そのプロセスを合理的にマネジメントするようになったことを意味する。機械は職人が一人でつくるものから、部品を集めてつくるものとなり、誰でもが標準化された部品から標準化された方法で組み立てられるものになった。こうしたプロセスをデザインして実行するために様々なマネジメントの方法が開発されたのであった。

だがこのようなマネジメント革命をいきなりインタンジブル・プロダクトに持ち込むことは難しい。そこで少し視点を変えてタンジブル・プロダクトがインタンジブルな特徴を拡大していく流れを見てみよう。もっともわかりやすい例が自動車である。人びとが自動車を購入する理由はエンジンの性能やシャーシの構造といったタンジブルな特徴だけではなく、それを所有することによる社会的地位の獲得や快適さなどインタンジブルな特徴にも深く関わってくる。また顧客は納期がいつか、購入後のサービスは充実しているかなども気にする。自動車とは単にタンジブル・プロダクトではなくインタンジブルな特徴ももっている一つのパッケージなのだ。タンジブル・プロダクトを顧客に購入してもらうためにインタンジブルな特徴を提供する必要があることを自動車会社は知っているのである。

この考え方を利用して、インタンジブル・プロダクトにタンジブルな特徴を備えたパッケージをつくるとどうなるだろうか。たとえば、ホテルに滞在したとき、洗面所のコップが紙の袋に包んであり、トイレには「消毒済み」と紙のテープが巻かれている光景を目にしたことがあるだろう。これはサービスをした「証拠」であり、このように一連のサービスの証拠を目に見える形で残していくことで、インタンジブル・プロダクトはタンジブルなものになっていく。

インタンジブル・プロダクトの問題点は、提供するものが目に見えないことである。そこでこのプロセスをタンジブルにする作業が求められる。レビットは次のような例を挙げている。

省エネルギーのために壁に断熱材を取り付ける会社が二社あるとする。一社は普通の車で乗り付けてきて、家の周りを計測して、封筒の裏かなにかに計算をして、六インチの厚さのグラスファイバーの断熱材を取り付けるには二四〇〇ドルかかるという見積もりをおいていった。もう一社は白い清潔なトラックでやってきて、クリップボードを片手に家の縦横高さを測り、窓の数を数え、屋根裏に実際に入って調べ、資料集を参考に家の建っている地域の季節ごとの気温の変動と風の強さの変動を記録した。また顧客にいくつかの質問をして丁寧に書類に書き込んだ。そして三日後にもう一度訪問する約束をして、時刻どおり再登場して、タイプできれいに清書された見積もりを持ってきた。そこには六インチの厚さのグラスファイバーの断熱材を取り付けるのは二八〇〇ドルであると書いてあった。

さて、どちらの会社に断熱材を取り付けてもらいたいだろうか。断熱材を取り付ける作業というインタンジブル・プロダクトにおいても、いくつものタンジブルなしくみを組み合わせた後者のほうに、顧客は安心を感じて購入する傾向がある。目に見えないサービスがタンジブルなものに変換されていると顧客は安心するのである。

顧客との関係をマネジメントするためにもサービスがタンジブル化していることは大切だ。顧客が購入したサービスがうまく機能しないときにはすかさずその修復がおこなわれることを保証し、またサービスが順調に提供されているときはそのことを顧客に意識させなくてはならない。

手に触って確認できるタンジブル・プロダクトでありながら、一連のインタンジブルな特徴を備えているものをレビットはプロダクト・インタンジブルと呼んだ。プロダクトが電子化してネットワークの能力をもつにつれてインタンジブル・プロダクト的になり、またその一方でいままでインタンジブル・プロダクトであるだけのものがしっかりとしたタンジブルな特徴をもつようになる。そうした商品の時代をレビットの論文は提示していた。

ｉＰｏｄはプロダクト・インタンジブル

レビットの言葉で言うなら、ｉＰｏｄは現代における非常に強力なプロダクト・インタンジブルである。

ソフトウェアとハードウェアを分かちがたいひとつのものとすることで、それまで叶えることができなかった「自分の音楽コレクションを街中に持ち出す」という新しい経験を可能にしたのである。それは一九七九年に、ステレオを街に持ち出すといういままでにない経験で当時の若者に衝撃を与えたウォークマンと同じくらい強烈な出来事だった。

さらにｉＰｏｄは、デジタルでのコンテンツを供給する活動も始めた。それがiTunes Music Store（ｉＴＭＳ）である。アップルはｉＴＭＳを発足させるために、大手のコンテンツ提供者を説得してiTMSから楽曲を配信する許可を得ていった。

最初、iPodの動きは音楽業界にとって脅威だった。iTMSでの配信を許可しないだけでなく、発売するCDにコピープロテクトをするといった方法で、iPodに対抗しようとした。しかし現在では、コピープロテクトのCDというのは、あまりない。なぜならば、ユーザーは、買ったCDがiPodに移せないのであれば、そのCDは買わないというような反応を示すようになったからだ。こうして、デジタルのコンテンツを流通させるという基盤が整っていったのである。

二〇〇六年にはiTMSにおけるダウンロード曲数が一〇億曲を突破した。いまや音楽の流通を考えるときには、iTMSを除外しては考えられなくなっているといえる。

ここでわかることは、iPodは、ハードウェアとソフトウェアだけでなく、コンテンツの流通までひとつのiPodというパッケージの中に、押し込んでいるということだ。iPodは「圧縮された音楽を格納・再生する小型ハードディスク内蔵メディア」をデザインしただけではない。聴きたい音楽を聴きたいだけ聴けるようなしくみがあって、それに最適化したインターフェイスをつけたことで、人の経験そのものを満足させるものをデザインしたのだ。★

iPodを手にした人の生活がどのように変わるのか、そして、皆がiPodを持つようになると、社会がどのように変化するかまでデザインされている。現実に、iPodが浸透し、iTMSで、ネットワークを介して音楽や映像を気軽に購入する時代・社会が訪れた。一見、小さな白い箱をきれいにデザインしただけに見えるiPodだが、そのプロダクトひとつに、壮大なビジョンがこめられているのだ。人びとが未だかつて経験したことのない経験を提供する社会システムを構築したのである。この問題については最終章である第7章でもう一度考えてみたい。

技術があって、人間がいて、社会が成り立っている。このようなすべての要素を考慮してデザインされるモノ、つまりiPodは経営にデザイン思考を応用したプロダクト・インタンジブルのサクセスケースである。デザイン戦略とはデザイナーにプロダクトの表面の形や色をつくってもらうことではないことをiPodは証明している。五〇〇〇万台以上も普及して、人びとにいままでにない経験を提供できたiPodは、二一世紀のモノと呼ぶに相応しいのである。

★このことは、リアルオーディオがiTunesと一緒になろうと申し出たときに、アップルがにべもなく断わったということに端的に表われている。アップルにとっては、ソフトウェアはそれ単体ではまったく価値がなく、ハードウェアと連携しているからこそ価値がある。いまさらリアルオーディオと提携しても意味がないといったのは有名な話である。

ではどのようにすれば二一世紀のモノづくりが可能になるのだろうか。次章からそのための具体的な方法論について紹介していこう。

第Ⅱ部

デザイン思考の道具箱

——創造のプロセスとプラクティス

第3章

創造のプロセス
——デザイン思考の道具箱

創造の方法——プロセスとプラクティス

本章では私が使っている「創造の方法」を紹介するが、これは組織としてイノベーションをおこなっていく手法である。

創造性は個人の才能ではなくて方法だ、と言うと驚く人も多いだろう。だが、創造性は方法の問題である。方法さえ身につければ誰でも創造性を発揮できる。二一世紀の組織は物事を効率的に処理する人材ではなく、創造的な活動をおこなう人材を必要としている。このことを否定する経営者はあまりいないだろう。ところが創造性というものが、個人の才能ではなく方法である、ひいてはマネジメントの問題である、ということを意識している人は意外に少ない。第1章、第2章でも述べたように、マネジメントにおいて社員に創造性をもたせることこそがもっとも大事だということは、『ビジネスウィーク』などでも盛んに議論されている。

創造性が方法であるということはあまり理解されていないが、創造性が経営において重要だということは理解されている。したがって、企業に創造性を導入するために、研究所のエンジニアが、創造性を職業とするアーティストやデザイナーとコラボレーションして生み出されるプロダクトの例は数多くある。特に携帯電話の世界でその傾向は顕著だ。二〇〇一年にauがauデザイン・プロジェクトを開始し、深澤直人《ふかさわなおと》やオーストラリアのデザイナー、マーク・ニューソンなどとのコラボレーションによるデザイン携帯を次々に出してきた。この動きに追随する形でNTTドコモも、グラフィック・デザイナー佐藤卓《さとうたく》とパナソニックモバイルとのコラボレーションによるデザイン携帯のモデルや、アートディレクター佐藤可士和《さとうかしわ》とNECとのコラボレーションによるデザイン携帯のモデルなどを次々に出した。

携帯電話以外でも、コラボレーションの例は数多くあり、レーシングカー・デザイナー由良拓也《ゆらたくや》とセイコーウオッチのコラボレーションによる腕時計、マイクロソフトとフランスのデザイナー、フィリップ・スタルクとのコラボレーションによる工学式三ボタンマウスから、イギリスのブランド「コンランン」と日産自動車がコラボレーションした車までである。

これらのコラボレーションを否定するつもりはない。有名デザイナーを起用すれば話題性もあるし、確かに携帯電話などは、有名デザイナーがデザインした機種が出回るようになってから質の良いものが増えて、携帯電話全体のデザインのレベルが上がった。しかし外部のアーティストやデザイナーの力を借りてつくった商品は、永遠に持続可能なものではない。それによって企業自体に創造性が備わるというものではない。

経営に創造性を取り込むには、社員がみずから創造性をもち、イノベーションし続けることができる組織にならなくてはならない。社内には創造性が足りないといって悲観や絶望をしなくてもいい。しかるべき方法を取り入れれば、誰でも創造性を発揮できる組織をつくることができるようになるのである。言い換えれば創造性のマネジメントである。

本書で提案する「創造の方法」は、いままで説明してきた創造のプロセスを設計し、新たに創造のプラクティスの実行能力を身につけるという二つの異なった活動を組み合わせたものである。これはアメリカのデザイナーたちが身につけているデザイン思考を組み込んだ組織マネジメントの方法や企業戦略立案のやり方を参考に私が考案し、研究室のマネジメントの手法として一〇年あまり活用してきた方法だ。またここ数年、創造性コンサルティングとしてクライアントと共に工夫して確立した方法でもある。

　比喩的にいうならば、「創造の方法」は会社組織をイノベーションを生む組織につくり変えるための道具箱だ。しかし道具箱を手に入れただけでは、目標を達成することはできない。どれだけいい道具の一そろいを持っていても、それを正しい順序で、正しい使い方で用いなければ、目標とする作品をつくりあげることはできない。この「順序」が「創造のプロセス」であり、道具の一つひとつが「創造のプラクティス」である。また、道具を正しく使うには、練習が必要だ。道具が体の一部となるまで練習して、それを使いこなせるようになったとき、道具箱は初めて意味のあるものになるのである。

「創造の方法」にとってはまず創造のプロセスの設計が非常に大切である。このプロセスは社会的背景や哲学的背景を踏まえた上でのモノづくりへの考え方、つくり手の問題意識を表わす**哲学**を考えるところから始めて、具体的に何をつくりたいか**ビジョン**を決め、それをもって**フィールドワーク**に行き、どのようなものをつくるか**コンセプト／モデル**をつくり、機能やインタラクションを検討しながら実際の設計**デザイン**をおこない、**実証**する。次に**ビジネスモデル**を構築して、実際の**運営**《オペレーション》方法を決定する。この流れが創造のプロセスである。

　創造のプロセスそれ自体は新しい考え方ではない。古くはプラン・ドゥ・シーの方法として、そして最近ではMOT（技術経営）の世界でも論じられている。たとえば、東大MOTの教育にも携わり、世界最高峰のヨットレース「アメリカズカップ」の日本チームでテクニカル・ディレクターを務めたことでも知られる宮田《みやた》秀明《ひであき》は、著書『プロジェクトマネジメントで克つ！』★の中で創造のプロセスについて述べている。ユーザーが求めているモノやユーザーの経験を豊かにするモノを提供するためには、事業部の売上や部門間の利益といった社内事情にしばられず、最先端の研究とマーケットの先端が直結するような体制をつくり、トータルなモノづくりを目指さなければいけない。彼はこの流れを確立するためには従来型のR&DではなくR&D&D&Dが必要であると述べる。R&D&D&DとはResearch & Development & Demonstration & Disseminationの略語で、研究して、開発して、実証して、普及させるという一連の流れのことを指す。これはまさに創造のプロセスである。問題はこのプロセスをどのように実行するかであり、まさにここがマネジメントの対象となる。

彼がリーダーを務めたアメリカズカップ向けのヨットの開発においては、研究（R）をおこない、開発（D）をする活動の次に、それを実証する（D）ためにセーリング・

★日経BP社、二〇〇二年

テストがあり、普及させる（世の中に知らせる）（D）ためにレースがある。レースで成果を出さないと、何の評価も受けることができない。アイデアをもとに何かのプロトタイプをつくるだけではレースに勝つ船をつくることはできない。多くの国家プロジェクトでは予算があれば実証実験まではおこなうが、普及まではいかない。ここで止まってしまうと、開発して動作が確認されたシステムなりプロダクトに基本的欠陥があっても確認することはできないし、社会のニーズに対応しているかどうかも確認できない。しかし市場に商品やシステムを投入することで、もしそれが社会の役に立たない技術だとすれば消えていく。ビデオ・テープのＶＨＳ方式に負けたベータ方式、トライスターなどのロッキード社の多くの旅客機が普及に失敗して市場から消えていった。

組織としてアイデアをもとに商品を開発して、プロトタイプで動作を確認し、それを市場に投入するという一連の流れを統括するところが企業にはないために、研究所の中からマーケットに出ていかない技術は非常に多い。創造のプロセスを実行するためには従来型の会社組織とマネジメントの方法ではだめなのである。

事業部制の弊害

創造的なマネジメントをするためにもっとも障害となっているのは、実は日本の企業の特徴である事業部制であり、タテ割りの部門制度だ。たとえばエアコン事業部、パソコン事業部、テレビ事業部といったように、製品群別に事業部に分かれているため、事業部をまたぐような多様な機能をもつ新しいタイプの製品をつくりたくてもつくれない。事業部制では各事業部が事業責任を負っているので、確実に売れるものをつくることに力を注ぐ一方、リスクのある新しい商品を開発するのは難しい。その典型が少し前までの松下電器産業（現・パナソニック）だ。

いまでこそ業績のV字回復を果たしたパナソニックだが、一九九〇年代に入って苦戦した要因は事業部制にあった。同社は、会長であった中村邦夫《なかむらくにお》が二〇〇一年からの中村改革において、この事業部制にメスを入れたため、各事業部や研究所が統合され、技術の融合が始まった。しかし、中村改革前は事業部制の弊害が大きかった。★

パナソニックの事業部は単品ごとに企画から開発、販売までを一貫して手がけ、販売管理の責任を負うほかバランスシートももっていた。このために確実に売れる商品を必

★日経BP社ウェブサイトのニュース解説のアーカイブ、「中村改革の通信簿～松下電器の研究」二〇〇六年四月十八日の記事「事業部の壁を越えたものづくり」に指摘されている。http://www.nikkeibp.co.jp/style/biz/feature/panasonic/060418_5th/

死になって企画する一方で、赤字覚悟の勝負や商品分野を超える開発・投資ができない欠点を抱えていた。大きなリスクを取って新しい市場を築いたり、事業部をまたぐ商品を開発したりすることができなかった。そのためいろいろな製品を組み合わせて商品をつくったり、機器の連携が決め手になったりする「デジタル家電」の時代になると、事業部制の欠点だけが目立つようになったのだ。

二〇〇〇年六月末にパナソニックの社長に就任した中村邦夫は、「このままではつぶれてしまう」と改革に打って出た。その最大のねらいは経営風土の改革であり、象徴的なのが、松下幸之助がつくった「事業部制」の解体だった。新体制では、ナショナルマーケティング本部（N本部）とパナソニックマーケティング本部（P本部）という二つのマーケティング本部を設置し、各事業部にそれぞれ存在した営業部隊、商品企画部隊を部門横断的に取り込み、両マーケティング本部が新商品の企画開発を主導する方式を採用した。

このような改革を実行した会社はパナソニックだけではない。キヤノンも一九八〇年代後半から事業部制の弊害を抱えていた。御手洗冨士夫《みたらいふじお》社長は、「事業部が肥大化して、事業部ごとの部分最適を中心に考えるようになり、全体最適ではなくなっていた」として一九九八年に「経営革新委員会」を設置し、改革をおこなった。★従来各事業部は新製品を開発して生産し、それを国内外の販売会社へ供給するだけでよく、売れ行きが悪くてもそれは販売会社が考えるべき問題だった。だが新制度では、事業部のトップは開発、生産、販売、サービスといったすべての流れに目を配り、トータルに把握することが求められるようになった。このように、組織によっては創造のプロセスを構築する条件は整いつつあると言っていい。

では事業部制さえなくせば新しい商品がつくれるのかというとそうではない。実際に創造のプロセスを組織に導入するには、ただ表面的に実行するだけでは不十分である。組織のしくみを変えても、企業の文化は変わらない。また人事のしくみや予算の配分も創造的な活動を支援するにはほど遠いのが現状だろう。部門の垣根を取り払ったあとこそ、人員を有効にマネジメントして、創造性を発揮できる場をつくらなければならない。創造性のマネジメントは事業部制が廃止されたあとの企業に必要な方法なのだ。

★『キヤノン高収益復活の秘密』、日本経済新聞社編、日本経済新聞社、二〇〇一年

うまくいっている組織もある

面白いことに、伝統的に創造のプロセスのようなもの、つまりはイノベーションのしくみを組織に組み込んでいる会社もある。3Mに代表される化学工業の会社では、新しいポリマーを発見し、それをもとに商品を発明することがビジネスの最初のステップである。新しい材料からどのような商品ができるかはアイデア次第だし、そのアイデアをもとにつくる商品が社会に受け入れられるかどうかを市場調査することはできない。なぜなら、もともといままで世の中になかった商品なので、人びとがそれをどのように受け止めるか、マーケットに出してみなければわからないのだ。こうした性質から、ここでいうところの創造のプロセス、MOTではR&D&D&Dと呼ぶ考え方が古くから企業文化として浸透している。

ジェームズ・C・コリンズは『ビジョナリー・カンパニー』の中で3Mのポストイットの開発と企業文化について述べている。3Mの行動原則の中には「試してみよう、なるべく早く」というものがある。化学の世界では偶然に素材ができるので、それがどのような商品になるかはつくってみないとわからない。そこで、どんどんつくってみるということが会社の方針としてある。疑問があれば、方法を変え、考え方を変え、問題を解決し、機会をとらえ、実験し、何か新しいことを試す。その結果がどうなるか、正確に予想できなくてもかまわない。何かをやって失敗したら、次を試してみる。手直しし、試し、行動し、調整し、動き、前進する。活発に動けば、予想もしなかった機会にぶつかったりもする。ポストイットの開発も、動いているがゆえにぶつかった偶然から生まれたものだ。

3Mのウェブサイトにも「製品開発物語★」として記述されているが、ポストイットの発明は、社員のひとり、アート・フライが教会の聖歌隊で歌っていて、ひらめいたアイデアから生まれたものだ。日曜日ごとに歌う聖歌をすぐに見つけられるように、彼は聖歌集に小さな紙切れをはさんでいたのだが、肝心なときに紙切れが飛んでしまって苛立つことが多かった。そのとき、社員の研究者スペンサー・シルバーが開発した接着剤を思い出した。その接着剤は、「よくつくけれど、簡単に剝がれてしまう」ため、接着剤としては失敗作だったのだが、何かに使えると思ったスペンサーが社内中にこのアイデアを紹介し、見本を配っていたのだ。そして彼ら商品企画者と研究者のコンビが苦労の

★ http://www.mmm.co.jp/wakuwaku/story/story2-1.html

末、ポストイットを生み出した。

その後の実証と普及の仕方がまた面白い。市場調査では、いままで見たこともないまったく新しい製品なので、誰も必要性を感じないと判断されたのだが、フライは商品を体験することで理解してもらおうと、試作品を社内の秘書たちに配って使ってもらった。するとその便利さがあっという間に社内に広まった。それがきっかけとなって、「とにかく使わせる」ことを目的としたサンプリングが繰り返され、全米での発売にこぎつけることができたのである。

素材をもとに商品をつくって市場で試してみないとわからない一方で、市場にニーズがあってもつくる素材が見つからなかったりする。したがって3Mなどの企業では継続的なイノベーションの努力なしには経営が成り立たないのである。現在では、伝統的なものづくりの企業も情報化とナノテクノロジーの進化で3Mと同じような戦略が必要になっている。これからの経営において、事業部制などの社内事情にしばられた製品やサービスづくりをしていると、新しい商品をつくることができず、時代に取り残されることになるだろう。

創造のプロセスの効用は比較的多くの人が理解している。だがその一方で、わかっていても実践できない、と感じている経営者も多い。創造性は個人に備わる才能であって、教育することも組織として実行できることでもないと思っているのが本心だろう。事実、広く紹介されているイノベーションの方法を実行しようとして失敗した経験をもつ会社も多い。だが、たしかに成功例はあるのである。

宮田秀明は著書『仕事のやり方間違えてます』★において、「創造のプロセス」の実例として、コンビニエンスストアのビジネスについて記述している。コンビニはもともとアメリカの小売のシステムだったが、それをそのまま輸入したわけではなく、日本の消費者に合った小売システムとして再開発したのである。哲学は「日常消費財は消費者にもっと手軽に提供されるべきだ」というものである。このときのビジョンは「古くからの八百屋、魚屋といった小規模の専門商店や、大規模のスーパーでない新しい小売システムを開発する」となる。コンセプトは「小規模の多店舗システムを共通に運営する新しい経営にすることで、フランチャイズ制を使う」。モデルは「多数の店舗を最適配置して、ネットワークでつなぎ、チェーンで経営する」である。次にソリューションは「ＰＯＳを中心にして、ネットワークによる配送システムも組み入れた、いわばＩＴによる経営システムの構築」である。

★祥伝社、二〇〇四年

セブン－イレブンは一九七四年に当時東京の下町だった豊洲《とよす》にアンテナショップを開いてテストをおこない、その結果を見てから、大規模展開の意思決定をした。その後は、修正システムが有効に使われており、新規開店、不採算店の閉鎖、日常的な商品の入れ替え、商品開発を機敏におこなっている。

宮田によれば、コンビニという小売販売サービスは創造のプロセスの全ステップを経て開発されたため、現在でも強い経営ができている。高収益をあげられる秘密は、この創造のプロセスが十全に機能していることにあり、ＧＩＳ（地理情報システム）を店舗展開に使うなど、ＩＴと通信を中心とした最新の科学技術を駆使していることにある。経営というより、小売システムの設計とその運営といってもよいくらいであると述べている。

ユーザーに喜ばれる、売れるものをつくりたいのなら、ユーザーの視点に立ったものづくりをしなければいけない。これはユーザーの意見を聞くということではない。どんどん新しいアイデアを形にして市場に出してその有効性を実証しなくてはならない。すばやく商品を開発してマーケットに出してユーザーの反応をみることが重要なのだ。

そのためには、企業の中に創造のプロセスの流れをもつプロジェクトをつくることが必要である。創造のプロセスを正しい方法で構築し、しかるべき身体感覚を身につけて

創造のプロセス

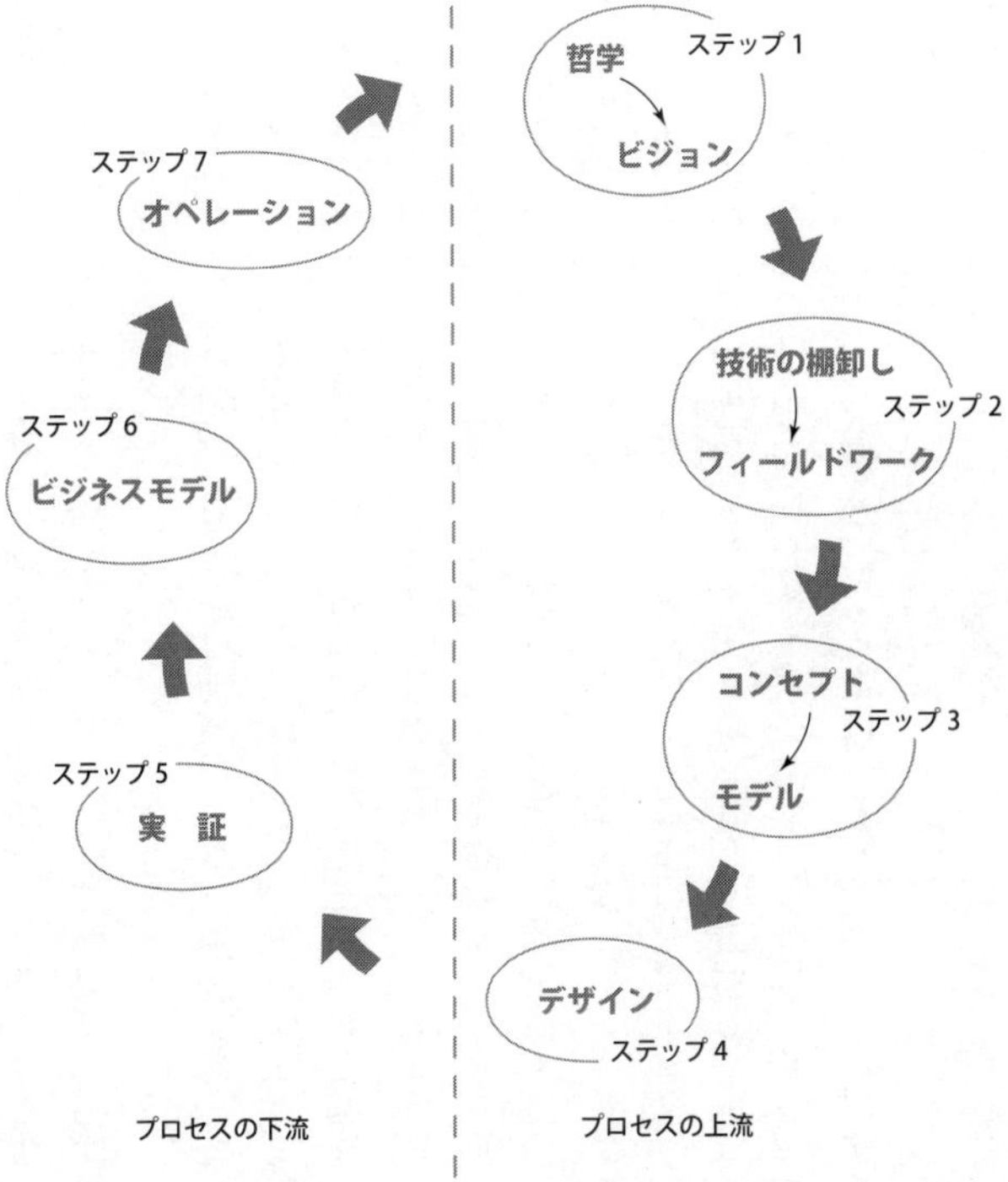
哲学
ビジョン
ステップ1
技術の棚卸し
フィールドワーク
ステップ2
コンセプト
モデル
ステップ3
デザイン
ステップ4
ステップ5
実 証
ステップ6
ビジネスモデル
ステップ7
オペレーション
プロセスの下流
プロセスの上流

しまえば、特別の才能がなくても誰でも創造性を発揮することができるようになる。

このプロセスの設計方法が本章の主題である。もう一つの活動であるプラクティスについては章を改めたい。

私が採用している創造的な仕事のプロセスは前頁のような構造をもっている。まず、異なる分野の人を四名から五名集めてチームを編成する。つぎにチームで哲学とビジョンを考える。そのあとでコンセプトをつくる前に、哲学とビジョンと関連する技術のマッチングをおこなう。すでに技術の蓄積がある組織では「技術の棚卸し」という作業になる。そのあとフィールドワークに全員で出かける。商品開発や技術を商品としている会社では、技術開発にフィールドワークを使うという方法は最近高く評価されている。これについては第4章で説明する。フィールドワークから戻り、アイデアを思いつき、プロトタイプをつくりながらコンセプトを検討する。ここはプロトタイプをつくりながら考えるといってもよい。この部分はのちに第5章で詳しく説明したい。そのあと実際にユーザーが利用することが可能なプロトタイプをつくりながら、どのようなソリューションを構築するとビジネスになるのか、さらにはそのビジネスを運用するしくみはどうなのかを検討していく。

創造のプロセスを新しい組織づくりの設計図として使うことで、創造性はマネジメントできる。これから紹介するのはその手順である。なじみがない言葉が多くて戸惑うかもしれない。だが言葉の意味をしっかりと理解することが、プロセスを設計するときには大切になる。

創造のプロセス

ステップ1 哲学とビジョンを構築する

会社の経営哲学や経営ビジョンという言葉はよく聞くが、商品開発に哲学やビジョンが必要という発想にはなじみがない企業も多いと思う。企業において新商品や新規事業を立ち上げるときは、どちらかというと機能や技術が先に立ち、近視眼的に考えがちだ。研究開発の流れと市場とがダイナミックに連鎖せず、目先の問題を解決するためのデザインとソリューションだけで製品やサービスをつくりがちである。とはいえ、逆の「顧客重視」という流れにも問題が多い。マーケティングを先行させて、顧客の要求に応える、あるいは顧客の不満を解消するという方向で商品開発をおこなっていると、いったい何をやっているのかよくわからなくなる。その結果、中途半端な商品や事業ができてしまう。よく言われているプロダクトアウトでもプロダクトイン★でも、結局は中途半端なのだ。

創造性のマネジメントにおいては、商品開発をおこなうためのプロジェクトを始めるにあたって、まずメンバーで議論をして哲学とビジョンを明確にする。哲学、ビジョンが商品開発のプロセスのガイドラインとなって、「意思」のあるモノづくりができる。哲学とは、人間として、社会のために実現したいこと、信念である。それを受けて、ビジョンをつくる。ビジョンとは、その信念を実現するための欲求、具体的に「こういうモノが欲しい」という欲望である。

哲学

哲学というと、世界・人生の根本原理を追究する学問としての哲学や、個々人のもつ人生観、世界観といったものを思い浮かべる人が多いだろう。なぜモノづくりに「哲学」が必要なのだろうと疑問に思う人もいるかもしれない。しかし、哲学の持ち方が最終的にはモノの価値を決めていくと言ってもよいくらい重要なものなのだ。

創造のプロセスでの「哲学」とは、一言で言うなら社会的背景やつくり手の経験をふくめた「問題意識」である。個人個人の生き方、社会のあるべき姿、自分がつくるモノの社会的文化的な意義、あるいはつくろうとするモノに対する学問的なバックグラウンドも関係するだろう。

なにか革新的なモノをつくろうと思う人は、まず始めに、何のためにつくるのか、なぜつくるのかということを自分自身に問いかけてみる。このとき大切なことは、どのような問題意識をもって物事にのぞんでいるのか、個人の生き方や社会のあるべき姿、社会的文化的に意義のあること、「こうありたい」ということを肯定文で表わすことである。

そのとき、すこし高尚な文章にしてみる。たとえば次のような感じだ。

二一世紀において、日本人は「自己を深化する手応え」に幸福感を感じている。そこで日常のふるまいに潜む幸せに気づき、自己深化の手応えを実感できる商品・環境を創造することで、日本の暮らしにおける新しい美学を発信し、確立する。

このくらい志の高い文章を書いてもいい。あるいは自然環境が保たれていて平和で子供が安心して遊べる安全な社会にすべきであるとか、会社は個人のクリエイティビティ

★プロダクトインとは消費者や顧客のニーズを聞いて商品を開発すること。プロダクトアウトは逆に研究・開発部門、ひいてはメーカーの発想から商品を開発すること。

を発揮させる場所であるとか、オフィスでは人間的なインタラクションが大切である、といった内容でもいい。

または「仕事と生きることが同義である社会が必要だ」というようなことでもいい。仕事とプライベートを分けて考えるという風潮もあるが、仕事が堅苦しいものではなく生き甲斐であるという考え方、たとえば詩人は仕事をしている時間だけ詩人なのではなく、いつでも詩人であるといった発想で仕事をしよう、という考え方があってもよい。これが哲学である。

最初は自分たち自身の問題意識で始めてもかまわない。何度も繰り返し考えているうちに、社会的な問題や社会的意義に気がつき、哲学自身がふくらんできて、つくるモノの深み、重みが出てくる場合も多い。

また哲学とビジョンは時代の流れを先取りする成長戦略と組み合わせて検討する必要がある。人が欲しがっているのにまだ存在していないところでイノベーションをおこなうことが大切なのだ。すでに安定したビジネスモデルがある会社ほど、この方向に舵を切ることは難しい。現状のしくみから一度離れて、個人の視点から哲学を考えてみることが非常に重要になるのだ。個々人が哲学を定義することにより、何をつくりたいか、どういうものをつくりたいかを具体的に考えることができ、より社会的意義をもった価値のあるビジョンを構築することができる。

私が提案する「創造の方法」の特徴は集まったチームメンバーの個々人のビジョンと哲学を論じるところから始めることにある。創造的な活動をするためには、**哲学とビジョンをプロジェクトをおこなうチーム全員でつくり、それを共有することが大切なポイントである。**

個人の信念や欲望をもとに哲学とビジョンをつくっていくと、各個人の方向がバラバラになってしまうのではないかという懸念もあるだろう。だが実際にチームで議論しているときに、議論のリーダーシップをとる人がディスカッションの中で、社会における責任やコミットメントという問題を常に指摘して、「自分はこれで何をしたいのか」「どう生きていくのか」をメンバーが常に意識できるように注意していれば、結論が逸脱することはない。アイデアを出す人が出すだけの役割で「何かかっこいいことを言っていれば後は他の人がつくってくれる」という従来の企画屋的な仕事のスタンスだと、たしかに勝手な言葉が出てくるだろう。しかしR&D&Dの形でチームをつくると、アイデアを出した人もアイデアを実現する人も、実現した商品を販売する人もみな同じグループに所属していることになるので、自由に考えてもそれほど大きな問題にならない。大切なのは個々の機能ではなくて、それが総合された全体なのだということを、グループの議論の中で実感できるからだ。

デザイン思考を活用したイノベーションの方法、つまり「創造の方法」のマネジメントには、最初に哲学とビジョンという非常に大きな部分から着手することで、つねに立ち返る場所がある。それはモノをつくる上でのガイドラインをもつことができるということである。商品開発がR→D→D→Dと流れていく中で、研究と商品企画、開発、技術開発など、ものづくりの全部署の人間が、哲学とビジョンを共有していることは非常に大切なのである。

ビジョン

ビジョンとは、つくり手自身が「何を実現したいのか」を一言で表わしたものである。単純で明快で一つの文章で表わすことができなくてはいけない。そして、それは社会的に魅力があるものでなくてはならないし、何よりも自分が本当に欲しているものでなくてはいけない。

ビジョンは欲望（desire）である。ビジョンを考える前に哲学を決めてあるので、その哲学に従って「～が欲しい」ということを具体的にイメージする必要がある。たとえば「家族が健康に暮らすことができる家をつくりたい」「外国語がマスターできる空間をつくりたい」「ひとりでお茶のお稽古ができる空間をつくりたい」といったように、語尾は必ず「～したい」となる。ビジョンで自分がつくりたいものは何であるかを明確にすることができる。

また、ビジョンを皆に自由に出させるという部分が非常に大切な点だ。「自分の内面を見つめてどういうものが欲しいか、どうありたいか、ということを決める」ことが問われるので、グループの資質がよく出る部分でもある。しっかりと自分のビジョンはこうだ、と声にしたら、後でブレてガタガタにならないように書き留める。マーケティングではニーズとウォンツと言うが、その言い方に従うと、ビジョンはウォンツである。「喉が渇いた」がニーズなら「コカ・コーラが欲しい」というのがウォンツでありビジョンである。

哲学やビジョンのスケールは、つくるモノの意義や面白さにつながる。たとえば、iＰodの哲学は「人はいろいろな音楽を自由に楽しみ、人生を豊かにする権利がある」である。ビジョンは「自分のＣＤコレクションを持ち運べる〝ウォークマン〟が欲しい」である。〝ウォークマン〟と引用符にいれて記述する理由は、ウォークマンを改造してビジョンを実現するわけではなく、現在ウォークマンが使われている場所に、哲学を実現する代わりの何かを発見しようとしているからである。一方、ウォークマンの哲学は「人は最上の環境で音楽を聴くことが人生の幸せである」で、ビジョンは「持ち運びができる高性能〝HiFiステレオ〟が欲しい」だった。

哲学とビジョンの構築は、会社の業務として導入しなくてはならない。テレビを開発しているチームにビジョンの話をしたところ、アフター5にビジョンをめぐる議論が盛り上がります、と言う人がいた。しかし仕事の外でビジョンを語るのではなくて、実際の仕事にビジョンを持ち込まないかぎり、意味のあるイノベーションは生まれてこない。

哲学とビジョンに正解があるわけではない。自分の信念と欲望が相互作用を起こして新しいモノを生み出す「創造の方法」が駆動するのだ。ここが非常に大切な点である。

ステップ2　技術の棚卸しとフィールドワーク

ビジョンをチームの中で議論するのではなく、外に（顧客のいるところに）探しに行くことで、さらにビジョンが豊かになっていく。ステップ2はその作業をするところである。

従来のMOTであれば、哲学とビジョンの後はコンセプトの策定へとプロセスが動いていく。だが本書で紹介するデザイン思考と組み合わさった「創造の方法」は、違うしくみになっている。デザイン思考には「フィールドワークによる経験の拡大」と、「プロトタイプをつくること」と、「異分野の人と過激にコラボレーションをおこなう」という三つのプラクティスがある。「創造のプロセス」の様々な局面にこの三つのプラクティスは作用しているが、プロセスの設計においても、このプラクティスを上手に組み込む必要がある。従来の方法ではビジョンからすぐにコンセプトへとつなげていくが、デザイン思考を活用した「創造の方法」ではビジョンとコンセプトを明確に分けている。この二つをつなぐ作業として「技術の棚卸し」と「フィールドワーク」のステップがある。

技術の棚卸し

さまざまな分野の人が集まり、同じチームとしてさまざまな思いをもってつくると非常によいバランスが生まれる。なかでも、皆で技術の領域を調べることは非常に面白く、また意義がある。これはビジョンを実現する技術を探すということとは少し意味が違う。技術には技術独自の創造力があるので、モノづくりの現場には良いアイデアがたくさんある。研究で発見したアイデアから商品化を試みるのが古い意味でのイノベーションであるが、「創造の方法」は技術を少し違う立場から見る。それは技術は技術でリストをつくり、ビジョンはビジョンでリストをつくり、その二つを並べることで、ものづくり、あるいは販売の現場から開発や研究の技術を見つけていくのだ。「創造の方法」ではこの作業を技術の棚卸しと呼ぶ。

技術の棚卸しとはアイデアや技術をたくさん集めて並べ、そしてそれをビジョンに割り振ってみる、というやり方である。こうすることで、自分たちの技術で実現可能なものを見つける。なおかつ、哲学やビジョンがしっかりとあるので、足りない技術やできないことが認識できる。アイデアや技術を思いつき、そのマーケットを探す活動をビジネスモデルの確立と考えることは間違いである。

フィールドワーク

哲学とビジョンができた段階で技術の棚卸しと前後してフィールドワークに出かける。自分のビジョンを実現してくれるだろう「師匠」を探しに街に出るのだ。第4章で詳細を説明するが、重要なのは、ある現象が起こっている現場に行くことである。その場所は、自分たちが生きている場所とは違う場所であることが望ましい。その場所では、そこで暮らしている人にとっては当たり前でも、他の人から見たら非常にいろいろなことが起こっている。起こっていることを理解すれば、相手の日常世界を理解することができる。これを「経験の拡大」と呼ぶ。自分たちが実現したいビジョンに向けてみずからの経験を拡大していくことが、「創造の方法」を実践するための一番の基本である。実体験により経験を拡大することでユーザーと一体になることができ、つくるべきモノが迷いなく見えてくる。

インタビューやヒアリングだけではなく、現場に行ってみずから驚き、不思議に思うということが重要だ。前述のデザイン会社ＩＤＥＯでは、自分たちがあらゆる分野のデザインを手がけることができるのは、すべてにおいて「初心者」だからだという。ＣＥＯのティム・ブラウンは、「初心者であるということは素晴らしい。それは自分が知らないことを知って、驚き、不思議に思う、その差分が価値を生むからだ」と言っている。当事者にとっては当然だと思っている日常でも、初心者にとっては不思議なことがたくさんある。当事者が当然だと思っていて説明しないようなことも、ビギナーが見て不思議だと思い、質問をすれば、答えてもらえる。そのようにして、観察して世界を理解、解釈するのである。

特に研究職や技術職では、フィールドワークに出て人を観察するという経験がない人も多いかもしれない。そのため、はじめは体がこわばってしまう人も多い。しかし、この部分は実際に自分で経験して身体感覚を身につけるしかないし、一度経験してしまうと、フィールドワークなしにモノづくりをすることなど考えられなくなることだろう。

フィールドワークではビジョンに基づいて「師匠」のところに出かけ、弟子入りする。ビジョンで「こういうことがしたい」と思ったことが、現状のコンピュータではおこなえないこともある。そのような問題こそが、研究・開発すべきテーマであることも多い。こうしたテーマが決まると、次に同じような作業をコンピュータを使わずにうまくおこなっている人を探し出す。そしてその人が実際に仕事をしている現場に出向いていって、「どうやってうまくこなしているのだろう?」という気持ちで日常の業務あるいは活動を観察するのである。

たとえば「出張旅費精算を〝コンピュータ〟で簡単にしたい」というビジョンをもっていたとする。そのとき、たとえば電話とノートだけですべての仕事をしているマネジメント事務所のマネジャーのところへ調査に行く。その人を師匠として、いろいろなスタッフの仕事の事務処理、ギャラの交渉、電話の応対等々を引き受けている人はどうやってその仕事をこなしているのかを観察し、うまくやっている方法を抽出する。

単純な観察ではなく、その道のプロは普通の人がうまくやれないことを無意識にうまくやっている、という視点から見ることで、自分たちが頭ではまったくわからなかったことを知る。つまり自分の経験が拡大していくということだ。ここでの経験の拡大が次のステップでのアイデア創出につながるのである。

フィールドワーク終了後、師匠に弟子入りすることで自分の中に発生した経験を言葉で全部書き出す。これは民族誌（エスノグラフィー）と呼ばれる学問分野で確立している手法である。先端的な商品開発においてもフィールドワークは不可欠と言われ、『ビジネスウィーク』では「新しいコアコンピタンス」としてこの方法を紹介しており、コンピュータチップを開発するインテルですら、フィールドワークの専門家を活用しているという。その詳細は後ほど第4章で説明することにしよう。

このように、ステップ2はビジョン発見とコンセプト構築の間にはさまる。企画や営業の人間からすると、技術の棚卸しは技術のフィールドワークと言っていい。また技術の人をフィールドに連れていくことで、彼らは自分たちの技術が現実の社会の中にどのように存在しているのかを理解することができる。

「創造の方法」においては、ビジョンと次に紹介するコンセプトを徹底して区別することが重要である。あとで詳しく説明するが、コンセプトとは、ビジョンを可能にするために具体的な技術を組み入れて検討した解決策のことだ。実は多くのデザイン・コンサルティングの創造のプロセスでは、この区別は比較的曖昧である。何度も紹介している

IDEOでも、このあたりははっきりと区別されていない。しかし、技術の問題をコンセプトに組み込んでいくためには、ビジョンとコンセプトという言葉をきちんと使い分けることが大切になる。二一世紀のモノづくりにおいては、技術の問題が大きな位置を占めるため、コンセプトの段階でかなり技術についてわかっていなくてはいけない。

さて、フィールドワークの記録を分析して「ワークモデル化」した段階で、「魔法のシナリオ」と呼ばれるものを書く作業をする（詳しくは第4章で述べる）。このとき、コンセプトのようなものも一応つくっておく。コンセプトも最初はそれほど難しく考えなくていい。まずは思いつく範囲で始めて、後の作業で少しずつ直していけばいい。モノを使って目標を達成する物語をつくる。仮想ユーザー、たとえば奥出三郎、二七歳、飲料メーカー勤務、営業担当、と細かく設定して、彼がどういう生活を送っていて、その中でこういうコンセプトを使ったらどういう生活になるのか、という視点からシナリオを書いていく。「朝七時、目覚ましの大音量で飛び起きる……」というところから始まり、具体的にそれまでに出てきたコンセプトをもとにシナリオを書いていく。このとき、まだ解決策がなくて遂行不可能な部分も「魔法でできる」と仮定する。

チームのメンバーがそれぞれ個人でつくったシナリオを合わせて一つのシナリオにする。他の人が書いたアイデアをもとに別の人が違うアイデアをその上にのせる、といった作業である。シナリオを書いていく中で、個々人が体感してきたことが組み合わさり、プロジェクトでおこなおうとしている創造的なイノベーションの全体像が見えてくる。ここには哲学／ビジョンが実現していく感覚が生まれる。またR&D&Dの考え方でチームを編成してあるため、全員でシナリオを書いていくことで、それぞれがこだわっているところと基盤となるところが見えてくる。またシナリオを書く作業を通して、アイデアやコンセプトが世の中に出ていくリアルな感覚をチームのメンバーがもつようになる。シナリオの中でアイデアやコンセプトが色や形をもってくるのだ。

そしてなによりも重要なことは、チームのメンバーが自分たちのもっている技術を把握してフィールドワークに出かけた経験をもっているために、魔法のシナリオを書くときに、その技術の使いどころをある程度演出できることだ。したがって、事業領域の全体を見渡しながら個々のサービスや商品を発見することができるのである。普通、企業での開発といえば技術が先行して機能が決まり、ありきたりな商品になるか、あるいはその逆に夢のようなビジョンが先行してコンセプトのない話に終わってしまうことが多い。だがデザイン思考を活用する商品開発では、それとはまったく異なった作業となるのだ。

ステップ3　コンセプト／モデルの構築

コンセプト

ステップ3は、コンセプトを構築する作業となる。

フィールドワークでの経験をもとにコンセプトづくりのアイデアを出す。アイデアはとにかく数を出すことだ。数を並べることに抵抗がある人が多いが、ここではアイデアは質ではなく量を優先する。事前の相談なしに各自が二〇個のアイデアをもちよると、五人いれば一〇〇個になる。このときに集合の知の「創発」が起こる。ここで大切なことは、すでに決まっているソリューションのためのアイデアではない、という点である。多くの企業ではアイデア出しというと、「できないこと」や「困っていること」を解決するという既存のソリューションの立場からの作業ではないだろうか。しかし、何かをうまくおこなう師匠を観察した後では、不具合の修正案ではない新たなアイデアを生み出すことができるのである。そのアイデアをいくつか組み合わせて、具体的にどのような技術でそれが可能になるのかを検討したものを「コンセプト」と呼ぶ。

ここで大切なことは、先に述べたビジョンとコンセプトの区別である。

広告や事業企画ではコンセプトは切り口のようなものである。だが先に紹介したコンビニエンスストアのコンセプトは、「小規模の多店舗システムを共通に運営する新しい経営にすることで、フランチャイズ制を使う」と非常に具体的である。つまり、アイデアをもとにビジョンを実現する具体的な方法とその構造がコンセプトなのだ。コンセプトには技術の裏打ちがなければいけない。広告や企画のコンセプトであれば技術の裏打ちは要らないが、モノづくりのコンセプトには技術の裏打ちが絶対に必要である。

したがって、コンセプトとはビジョンを達成するための基本概念であり、方向性、未来予測、哲学、アイデアに加えて技術予測も含んだものである。できあがったモノを前に、人が「これは何？」と訊いたときに一言で答えることができる、それがコンセプトである。

モデル

コンセプトを実現するための基本構造やしくみを選んだり、つくりだしたりする作業を、「モデル」をつくる、あるいは探すと呼ぶ。このときのモデルとは、ビジョンを実現する具体的な方法や構造に加えて、形のデザインを含んだものである。コンセプトとモデルは、同じものを違う側面から見たものと考えてもよい。コンセプトは最終的なプロダクトの根幹となり、その出来を左右する。コンセプトに含まれるしくみを明確化、立体化して、物理的に体験できる形にしたものがモデルである。

この言い方は書類中心の企画の作業に慣れている人には奇異に聞こえるかもしれない。企業において企画開発や事業計画の策定にたずさわっている人を見ると、頭で考え、机上で考えて、関係者とホワイトボードを使ったディスカッションをして、その結果として一〇〇ページ近い提案書ができあがる、といった作業をおこなっている。「創造の方法」では頭で考えるのはビジョンまでであり、企画に相当するコンセプトはフィールドワークに行って身体で考える。書類をつくるという作業は、コンセプトを構築する段階ではあまり重要ではない。

このようなコンセプトの考え方は、モーターショーで展示されるコンセプトカーという表現を考えるとわかりやすいだろう。自動車のコンセプトカーは実物大であるが、実際のエンジンではなく、コンセプトカー用のエンジンを積んである。時速三〇〇キロのスポーツカーであっても、コンセプトカーのレベルでは実物と同様のスピードが出なくてもかまわない。実物大でドアの開け閉めのときの感じなどがわかることが重要なのである。つまり、コンセプトとは「基本構想」であり、最初の設計図なのである。

出てきたアイデアからコンセプトをまとめる作業はリーダーがおこなう。この能力を身につけるには、ある程度の経験が必要である。アイデアのパターンを見出してそれを特定の技術と結びつける感覚は経験で身につけるしかない。私の研究室では、早い学生は大学二年生で研究室に入ってくるが、国際学会に提出することができる作品をつくれるようになるまでに三年から四年かかる。ビジョンをつくり、コンセプトを構築するだけではなく、プロトタイプを設計実装して、一定時間のデモに耐えうるシステムの設計ができるようになって初めて、アイデアをまとめてコンセプトをつくっていくパターンが見えてくるようになる、といった具合だ。

創造性のマネジメントを実行しようとする企業は、このような作業をみずからおこなうことができるイノベーションリーダーを育成する必要がある。多くの企業では、この全体が見えている人がいない。チームをつくり、ミーティングをおこない、皆のアイデアを集めたら工場へ持ち込んで、つくれるかどうか試す。あるいはマーケットへ持ち込む。そしてまた技術について考える。こうした活動が確実にできる人材が必要なのである。

コンセプトやモデルを構築する作業は、紙やホワイトボードを使っておこなう作業ではない。コンセプトのようなものを思いついたら簡単にプロトタイプをつくってみる。この段階でつくるプロトタイプをダーティプロトタイプ、あるいはラピッドプロトタイプと呼ぶ。

ここからは手を動かす作業となる。第2章で紹介したプロトタイプ思考（build to think）の作業だ。「創造の方法」では三つの異なった種類のプロトタイプ手法を用いている。一つは粘土を使うプロトタイプ（フォームブレスト）、二つめは段ボールを使うプロトタイプ（ダーティプロトタイプ）、三つめはビデオを使うプロトタイプである。詳細は第5章で説明するが、簡単にそれぞれの特徴を説明しておこう。

フォームブレスト

粘土を使うプロトタイプ作成をフォームブレストと呼んでいる。ホワイトボードを使った言葉のブレストに対して、粘土を使って形でブレストをしましょう、ということである。どのようなものがどのように使えるか、機能や問題を考えて形にしていく。

機能や形をアイデアの出るかぎり出していく。アイデアが出つくすまで出して、つくろうとしている商品のインタラクションを紙に書いてディスカッションしたり、どうしたら動くのかというシステム構成をホワイトボード上で考えていく。最後に、実際につくったものを「こうやって使う」「こんな機能がある」というふうにプレゼンする。そうしてモノの効用をメンバーで共有していく。

そのうちに、みずから楽しいと思っているアイデアが出てくる。その人が楽しいと思っているアイデアが形になって出てくることで、メンバー間の思考レベルの交流ができる。この時点でチームの一体感は非常に深まる。さらに、実際に目の前にモノがないと出てこない感覚（「なんとなくかわいい」等）、他のことにも使えるんじゃないか、という子供のように自由で創造的な発想が出てくる。

ダーティプロトタイプ

段ボールや木材等の壊れやすいもので実物大のプロトタイプを簡単につくる。これはダーティプロトタイプと呼ばれている。たくさんのコンセプトの中から大切だと思われるものを選び、実物大でつくる。この段階では、インタラクションの部分しかつくらないので、手に入る材料で簡単につくってしまう。

できあがったダーティプロトタイプを見ながら、チームメンバーと「これはいい」「どうやって使うの？」と議論をする。このときすでに、実空間での設計が始まっている。実物大によって生まれてくる身体感覚を利用して設計を進めていくことは大変重要である。たとえば、新しいオフィスのしくみをデザインしているときに、机の大きさが一〇センチ違うだけでずいぶんコミュニケーションが変わるという感覚が体感でき、しかもその価値をメンバー間で共有できる。

段ボールなどを使っているので、気兼ねなく壊してもいいというのもポイントである。破壊しながら創造する。「こっちのほうが良いのでは？」「ここはこうなっていたほうがいい」というふうに、創造的に妥協なくつくっていくことができる。そうすることで、最終的には段ボールであるにもかかわらず、「欲しい」と思えるレベルまでコンセプトを高めることができる。

ビデオプロトタイプ

インタラクションできるものをつくったあとは、「ここを押せばこうなる」という動作をビデオで再現して、本当に動いたらどうなるのだろうかということをビデオで検証する。まずは絵コンテを作成してインタラクションが確認できるシーンを明確にする。ビデオを撮るという作業をおこなうためには、「見てわかる」ということが重要になる。面白いことに、ビデオでは日常生活の中で違和感のある行動を伴う物語をつくることはできない。つまりビデオ作品をつくることで、現実感のある設計をおこなうことができる。「どれが一番自然に見えるか？」ということを考えるので、技術を選別することもできる。

ビデオプロトタイプをつくることで、商品にむりやり技術を押し込むのではなくて、このモノを動かすのにはこの技術しかない、とわかってくる。そうなると、それを実現したい、「つくりたい」と思うようになる。つまりは、つくろうとしている商品やサービスの具体的な設計の作業を、ビデオを撮影する中でおこなうのだ。

このビデオプロトタイプは完成した商品を消費者に説明するためのものではなく、自分たちが本当にその商品が動いている実感をもつために製作するのである。したがって、撮影を専門家に依頼するのではなく、自分たちでシナリオから絵コンテをつくり、舞台を設置して、登場人物を決めて、配役を決め、実際に演技をおこない、それを撮影して、編集までおこなう必要がある。こうした方法の詳細は第5章で紹介する。

このように、「創造の方法」とはつくりながら考えることである。デザイン思考主導のイノベーションとは、プロトタイプをつくりながらイノベーションを生み出していくことである。実際に動かすためにこのプロセスを設計するだけでは不足である。このプロセスを実行するためには、ある種の身体能力＝プラクティスが必要なのだ。このプラクティスを身につけるトレーニングなしには、「創造の方法」はうまく実行できない。

モノをつくるために身体に覚えさせるべきプラクティスは三つある。「観察調査をおこない、経験を拡大する」プラクティスが、ビジョンからコンセプトをつなぐときに必要となるプラクティスである。コンセプトをデザインにつなぐときには、「プロトタイプをつくる」というプラクティスを実行する能力が必要である。また「創造の方法」の下流に相当するビジネスモデルを考えるところでは、「コラボレーションを実践する」能力が必要となる。

ステップ4　デザイン――デモンストレーション用プロトタイプをデザインする

プロトタイプをつくりながらコンセプトを構築する作業を紹介したが、デザインも同じプロトタイプの手法で進めていく。コンセプト／モデルを実際にモノにしていこうとすると、いろんな問題にぶつかり、それを解決していく必要が出てくる。実現にむけていろいろなことを検討し、解決しながら実際に人に示すことができる形を見つけていく。コンセプト、あるいはコンセプトモデルをしっかり考えたあと、それを実際に使えるものにしていくという過程が、ここで言うデザインなのである。デザインとは、実際につくることができるモノを考えることである。機能を考えながら必要な要素を集め、構造やしくみをつくっていく作業である。

簡単なコンセプトが生まれたら、どんどんプロトタイプをつくって試していく。粘土で形を検討したり、段ボールでとりあえず動きを確認したりと、つくりながら考えていく。確認できたコンセプトを、さらにプロトタイプ思考を活用してデザインしていく。

面白いことに、戦後すぐの日本のメーカーには、このプロトタイプ思考、つまり「自分たちでつくる」という企業風土が色濃くあったようだ。どのメーカーにも、ものづくりの情熱が溢れていた。南極越冬隊で有名な西堀榮三郎《にしぼりえいざぶろう》は、真空管の研究や原子力の研究・開発などにも功績を残し、日本の「ものづくり」の発展に大きく貢献した人物であるが、「工夫する研究所があって、そこで試行錯誤するのにお金はかからない。プロトタイプをつくって考えなさい」と東芝の人たちに指導をしていたという。

彼は、著書『西堀流新製品開発――忍術でもええで』の中で、発明にはエジソン式発明とラングミア式発明の二種類がある、と述べている。エジソン式発明は、要求が先にあって知識がそれに追従していくというやり方で、ラングミア式発明は、知識が先にあってその知識を応用して要求を満たすというやり方である。

ラングミア式は成功すれば大発明で世の中を変えるものとなる可能性があるが、エジソン式のほうが、既存の知識の組み合わせを工夫してできる発明なので成功しやすい。工夫するほうが、世の中のためにもなり、たくさんつくることができる。西堀は工夫をしてつくる研究所を設ければよいと言っている。

私が企業のモノづくりのコンサルティングをしていて、もっとも抵抗が大きいのはこのプロトタイプ思考の部分だ。モノづくりをおこなっている企業では、実際につくるモノのデザインが決まってから、プロトタイプ製作へと進むのが一般的であり、コンセプトを洗練させてデザインをおこなうために、つまりは考えるためにプロトタイプをつくるという文化はない。

しかし、最初抵抗しながらも一度プロトタイプをつくる作業をしてみると、その過程で、それまで見えていなかったことが見えてきたり、意外な発見が数多くあったりと、その効果の大きさに驚いてもらえるのもまたこの部分である。

たとえば、空間内部でのシステムをつくるプロジェクトにおいて、コンセプトを思いついた段階で、簡単にパイプを組み、まずは空間の全体像を実物大のプロトタイプでつくるように促したところ、最初はたいへん大きな抵抗があった。彼らは通常であれば図面を書いた後、空間であれば一〇分の一のスケールの模型、家具でも二分の一の模型を作成して最終的な検討に入る。最初から実物大のモノをつくれと言われて唖然としたのは無理もない。しかし、つくるのは本当に簡単なものでかまわないのだと説得し、彼らは恐る恐るつくりはじめた。ホームセンターで買ってきたパイプで枠を組み、白い布を使って壁に仕立てて実物大の空間をつくってみた。すると、実に面白いことが起こったのだ。いままでどんなに図面を詳しく書いても、模型を精巧につくってもわからなかったような身体感覚が一瞬にして生まれ、つくるものの使い方も具体的にイメージすることができ、コンセプトも明快になってきたのである。

ダーティプロトタイプを作成しながらおこなうモノづくりでは、体験しながら実寸で考えることで、より具体的な検討ができるし、あいまいな思いこみによる見切り発車的な試作を減らすことができる。作業の途上で、メンバー間で何をつくるのかのコンセンサスがとれているため、個人的な価値判断に基づく意見の食い違いによるストレスが少ない。また技術調査の目的がはっきりするので無駄がなく、開発のスピードが圧倒的に早いという効果がある。

「創造のプロセス」の設計においては、実際に経験してきたことをもとにコンセプトをつくり、コンセプトを形にして最終的にそれに機能まで与えるというプロトタイプ作成のところが一番難しい。また多くの企業では、このような初期の段階でプロトタイプをつくって考える場所もなく、それどころかそうした活動を禁止している規則があったりする。エジソンのようにプロトタイプをつくりながらモノの形や機能を検討していく場所がないのだ。そのような環境でイノベーションをおこなうことは不可能に近い。

ステップ4までは「創造の方法」の上流、ステップ5の実証以降が下流にあたる。上流ではコンセプトをもとにデザインと設計をおこない、実際に人前でデモができるデモンストレーション用のプロトタイプをつくり、下流ではそれを実際に人びとに使ってもらいながら、その効果だけではなく実用性や普及の方法を検討するのだ。下流段階は以下のような流れとなる。

ステップ5　実証　デザインしたものを実際に製作して、人びとに使ってもらって問題点を明らかにする
ステップ6　ビジネスモデル構築　新しいソリューションをデザインする
ステップ7　ビジネスオペレーション　ソリューションを運営する事業主体を決める

商品開発の上流部分を創造のプロセスを用いて処理すると、なにをつくればいいのか、それをどう説明すればいいのか、そして、それを事業にどのように結びつければいいのかが明らかになる。まずなにをつくればいいのか、に関して詳しく説明してみよう。

本書で提案する方法では、まず顧客の日常生活の経験を調査し、顧客が気がついていないけれども、実際に手に取ると魅力的に思うものをつくる。そのためには自分たちが技術的になにが出来るのかを理解していることと、顧客がなにを欲しているのかを調査

し理解しておく必要がある。この二つをそろえて、プロダクトのビジョンとコンセプトを構築することができるのである。

次に、つくったものを説明することが出来るようになる。プロダクトをつくるには二つの方法がある。一つが仕様を詳細に決めてからプロトタイプをつくる方法である。もうひとつは、簡単なプロトタイプ（ダーティプロトタイプとラピッドプロトタイプ）をいくつもつくりながら仕様を決めていく方法である。新しい商品コンセプトを開発するには、圧倒的に後者がすぐれている。自分が企画するものがどのようなインタラクションをするのかがわからないのでは設計は出来ない。魅力的な商品は、なにか便利な機能を実行するボタンがあるのではなくて、一連の操作の流れの中で魅力的なサービスを提供しているものが多い。またネットワークと連携した商品であればあるほど、さまざまな複雑な機能を単純な操作の連結で提供するしくみが必要となる。このようなインタラクション・デザインを考慮したシステムを構築するには、プロトタイプを自在につくりだす能力が必要となる。

そして、上流の最後のデザインの段階で、従来の商品開発では下流に相当するビジネスモデルとの擦り合わせを考えることが出来る。つまり、開発したプロダクトを事業部へ移管するために、ビジネスモデルを製品デザインに反映して設計をしておけば、新商品を事業につなげることが出来るのである。インテルのCPUやアップルのiPodに見られるように、プロダクトのシステム設計はビジネスモデルのデザインと深くかかわっていて、エンジニアリングの視点から見たシステム最適化ではない。したがって、早い段階でビジネスモデルをデザインしてプロダクトのシステムに組み込んでおく必要がある。ここの工夫がないと、開発からビジネスへとつながらない。コンセプトをつくって製品を設計するにあたり、どのようなビジネスモデルを使う商品なのかを想定してアーキテクチャーを設計しておかないと、利益を生むことは難しい。とくにネットワークにつながり、総合的なサービスを提供するプロダクトが求められている現在、ビジネスモデルを設計の初期段階から組み込んでおくことが必要である。この視点から商品開発の下流を再定義することが必要なのである。上流と下流がつながる非常に重要なポイントがここにある。これについては第7章で簡単に触れるが、詳細を説明するためには別の本が必要となる。いずれ機会を見て執筆してみたい。

第4章

経験の拡大
――創造のプラクティス1

三つのプラクティス

第3章でも述べたように、「創造の方法」を実行するためにはある種の身体能力＝プラクティスが必要である。それはデザイン思考の道具箱に入っている道具を使いこなすための能力であり、「お稽古《けいこ》」と言い換えることもできる。このプラクティスを身につけるトレーニングなしには「創造の方法」はうまく実行できない。

デザイン思考を活用するために使いこなすべき道具は三つある。一つ目は、実際にフィールドつまり現場に行って、物事を感じる能力だ。これを私は、「**経験の拡大**」と呼んでいる。二番目は、商品やサービスのコンセプトを実際に簡単につくってみながら考えるという「**プロトタイプ思考**」である。三番目は、チームで**コラボレーション**する能力である。

これらは「プロセス」の一部であると同時に、お稽古をしないとわからない「プラクティス」なのである（次頁の図を参照）。ゴルフのハウトゥー本を読んでプレイする方法やルールがわかっても、ゴルフクラブが上手に振れるわけではない。ダンスだって、振り付けがわかったとしても、身体で覚えなければ踊れない。「創造の方法」を実行するためには、知識として頭で理解しているだけでは不十分なのである。

本書の主題であるデザイン思考は、プラクティスの側面から物事を考えることでもある。実際に良いモノをつくれるデザイナーは、このプラクティスが身についている。したがって、デザインプロセスをいくら勉強してそれを忠実に辿ったところで、この三つのプラクティスが身についていないと、実はプロセスを活用することはできない。デザインクエスト（序章、第2章を参照）で非常に感銘を受けたのは、招聘したアメリカのデザイナーたちが、このプラクティスを完全に身につけていたことなのである。

本書では、「創造の方法」を活用することでイノベーションをマネジメントする意義について説明している。本章ではまず、プラクティスのひとつ目にあたる「経験の拡大」について詳しく説明してみたい。哲学とビジョンを決めてコンセプトを生み出すには、自分の力でジャンプすることが重要だ。そのための基本となるのが、「つくり手が

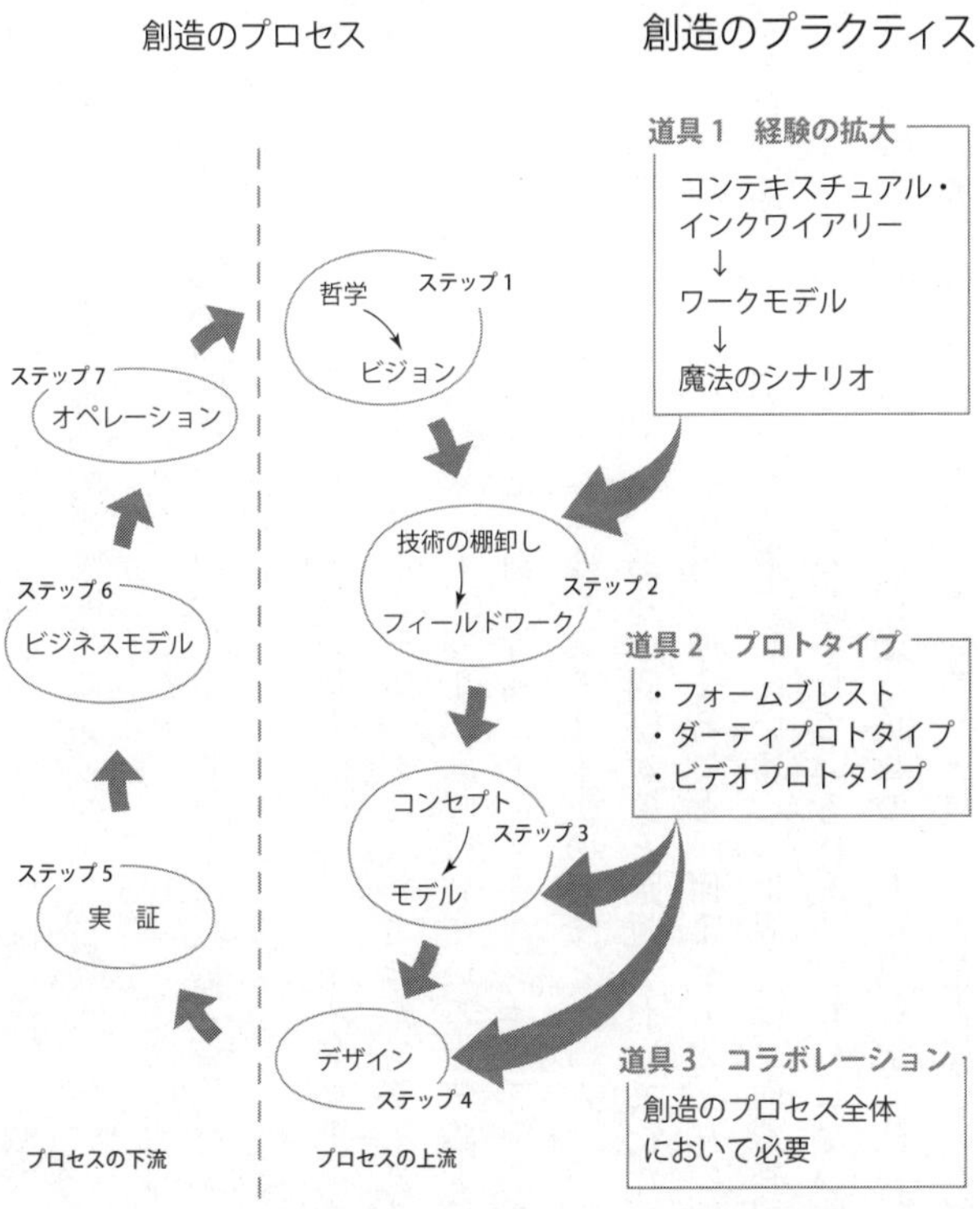

創造の方法における３つの「道具」はプロセスの一部となっていると同時に、使いこなすためには十分な練習が必要な「プラクティス」でもある。

自分の経験を拡大する」という実践的能力である。では、経験を拡大するとはどういうことなのか。これは少し理論的に説明する必要がある。

経験の拡大——フィールドワーク

経験を拡大するというプラクティスの基本には、フィールドワークという行為がある。これは民族誌（エスノグラフィー）の学者がおこなってきた方法である。私はそのなかでも現象学的社会学（エスノメソドロジー）と呼ばれている方法論を使っている。エスノメソドロジーでは、人と人との相互行為（インタラクション）を重要視する。ここで重要なポイントとなるのは、参与観察（リサーチの対象となる人たちとともに時間を過ごし、彼らの世界を知ること）である。観察対象と距離をおいてただ観察するのではなく、観察する相手の活動にみずから参加することが何よりも大切なのである。

我々が日常あたりまえのように過ごしているこの世界には、何も不思議なことがない。しかし、コンテキスト（自分たちの置かれている状況）を共有しない他者から見ると、非常に奇異なことをしているように見える。このことを現象学的社会学では「我々は日常世界という舞台の上で日々を送っている」と見る。日常世界という舞台は、その上で活動している当事者にとっては何の変哲もない世界である。ところがこの「日常の舞台」を外から眺めると、不思議なことが起こっている。非常に複雑な事柄を巧みに処理する能力を駆使して、かろうじて日常という舞台の上で平和な状態、普通の状態を保っているのだ。文化人類学者が自分とは異なる文化に暮らしている人を観察するときに感じるような違和感をもって我々の周りの日常の世界を見る見方は、エトムント・フッサールによって提唱された現象学によって始められ、その考え方は社会研究に応用された。ナチスの時代にヨーロッパからアメリカに亡命したアルフレッド・シュッツが日常生活の構造を研究する現象学的社会学を始め、その弟子でアメリカの社会学者であるハロルド・ガーフィンケルが、それをエスノメソドロジーというフィールドワークの手法としてまとめた。本章で紹介するフィールドワークの方法は、エスノメソドロジーをベースにしている。

この方法は哲学的には複雑な思考回路を要求するが、実践するとなると非常に簡単である。みずからフィールドワークに出向いていき、自分ではない他者の日常生活というものが構成している構造、コンテキストというものを自分の経験として感じ取り、みずからの経験が拡大したと感じることである。そしてその記録を「民族誌」として書き記す。

二一世紀の日本に生活している我々が商品やサービスをつくったり考えたりするときに非常に大事なことは、わかりきったことを便利にしたり間違いなくできるようにしたりする、つまりは効用のはっきりとしたものをつくるのでは不十分だということである。電気掃除機の発明は、召使いのいない中産階級でも、まるで召使いを雇ったような優雅な暮らしを送ることができるというブルジョワジー的幸せを、二〇世紀の人びとにもたらした。単に省力化以上の文化的な価値を届けていたのである。それは電気冷蔵庫や自動車においても同じである。したがって、中国やインドにおいてこうした二〇世紀の商品のマーケットが急速に拡大していることもよくわかる。だが、我々の暮らしはどうであろうか？　いまある冷蔵庫が少しぐらい便利になったところで、いま以上に幸せになるだろうか。初めて冷蔵庫を所有したときのような感動はないだろう。つまり、いくら便利になったところで冷蔵庫は冷蔵庫であり、これ以上の付加価値をつけることは難しいのだ。

しかしながら、人びとが感動する付加価値の高い商品をつくれる可能性はまだまだある。本書で何度も登場しているｉＰｏｄがよい例である。ＣＤの登場と普及によって膨大に増殖する音楽のコレクションを、いつでもどこでも手軽に快適に楽しむ経験を提供することで、大きな市場を獲得したのである。

このように、我々が普通に生活している日常世界というのは、見方を変えれば実はいろんな仕掛けに満ちている。ところが、この世界に普通に生きている我々はその仕掛けを意識しないで生きているのだ。いちいち意識したら平和に日常世界を生きていけない。たとえばユーザーにとって使い勝手の悪いものがあったとしても、無意識のうちにユーザーのほうが身体的に「適応」してしまっている場合が多い。したがって、ユーザーは質問されると普段具体的に意識していることだけしか答えられない。顧客の意見を聞いても顧客中心の商品づくりにならないのは、我々が日常生活を過ごすこの複雑なしくみゆえである。ややこしい作業を無意識におこなっているので、何が問題なのかや何をしたいのかは、いくらアンケートをとってもわからないのである。

顧客主導、お客様のため、あるいはユーザー主導のものづくりなど、いろいろな表現をしながら、そのためにユーザーの話を聞いたりアンケートをとったりインタビューをしたりした経験は、少なからずどの企業にもあると思う。ユーザーの意見を参考にして、いまあるものを改善することは可能かもしれない。しかし、いままでは不可能だった経験を人びとに提供して、感動してもらうような商品を生み出そうとするのであれば、アンケートやインタビューで顧客に話を聞いてもだめだ。「こういうものが欲しい」と明快に答えられるユーザーがいたら、すでにその人は発明者になっているはずだ。したがって、質問に答えてもらえても、改善点は見つかるかもしれないが、イノベーションにはつながらない。実際の現場に行って顧客の行動を観察してみないと、どのような日常生活の中でどのような行動をしているのかはわからない。

新しいモノを創造したいのであれば、ユーザーが生活をしている現場に出かけていく。これをフィールドワークと言う。現場でユーザーの行動を仔細に観察していると、「どうしてこれをここに置くのだろう?」と疑問が生まれ、さらに観察を続けていると、「狭すぎてあそこには載らないので、ここに置いているのだな」といったことがわかってくる。行動や活動のコンテキストが理解できるようになり、意味を発見することができる。さらに、観察した人の行為を真似ることによって、自分にとっては初めての経験をする。そこではじめて意外な発見がある。その発見がイノベーションを引きおこす。

フィールドに出かけていって日常生活を送っている人を観察したり話しかけたりすることは意外に大変だ。エンジニアやデザイナーがフィールドワークをする必要があるのか疑問視し、それを専門とする調査者に依頼してデータだけを使えばいいと考えるのも無理はない。だが、この作業で大切なことはデータではなく、観察者自身が変わることなのだ。

『ビジネスウィーク』のイノベーション特集では、エスノグラフィーこそが企業に求められる新しい能力であると説明している。同誌によると、エスノグラフィーの能力が、企業にとっての新たなコアコンピタンスになると考えられている。それは、ユーザーの経験を調査することが非常に重要だと多くの企業が気がついたということだ。ユーザーの経験に注目しているのは、ナイキやアップルのように、商品がユーザーのニーズやウォンツと直接結びついている企業ばかりではない。直接ユーザーの目に触れるものでないにもかかわらず、インテルのようなコンピュータチップをつくっている会社も、ユーザーの観察に力を入れはじめている。インテルで研究をおこなっている人類学者は、人びとがいまとは違った方法でコンピュータを使うとすると、人間のどういう行動のどのような部分とコンピュータがインタラクションをおこなえばいいのかを発見するために、人びとがどのように生活し、仕事をしているのか観察し、研究している。

フィールドワーク＝観察調査の後、観察者は記憶が鮮明なうちに調査結果のレポート（**ラップアップ**）を一気に作成することにより、経験を自分のものとして身体化する。これが「経験の拡大」である。このレポートをもとに分析をおこない、五つのワークモデルに整理し、さらに複数のモデルを集めて統合したモデルを構築し、それをもとにしてシナリオを描く。つまり、フィールドで何が起きていたか、5W1Hで考えるということである。

コンテキスチュアル・インクワイアリー

フィールドワークの作業をコンテキスチュアル・インクワイアリー、それをもとに分析をおこなう作業をコンテキスト・デザインと呼ぶ。

フィールドワークの最初に重要なのは、適切な情報提供者を見つけることである。まず予備調査をおこなって、スキルや情報をもっている協力者を探して見つけ、その人と信頼関係を築く。その方法はいろいろあるが、私が採用しているのは「**師匠／弟子**」という関係で観察をおこなう方法である。この方法はヒュー・ベイヤーとカレン・ホルツブラットによって提案され、*Contextual Design*★として出版されている。経験拡大のプラクティスを方法論化した非常にわかりやすい本なので、彼らのやり方を参考にしてフィールドワークの方法としている。

この方法の特徴は、顧客の働き方を発見し、それからその働き方に最適なデザイン方法を見つけだす点である。顧客を理解することから始め、新しいアイデアを生み出していくのである。

顧客を理解するためにまず、仕事をしている人にいつもの現場で、通常の仕事をしてもらいながら、仕事のやり方の構造に関する情報を集め、顧客自身にすら明瞭でない知識を明確にしていく。コンテキスチュアル・インクワイアリーを理解する基本の概念はコンテキスト、パートナーシップ、インタプリテーション、フォーカスの四つである。

コンテキスト

コンテキストは、コンテキスチュアル・インクワイアリーの中でも、もっとも基本的な要件である。つまり、実際に顧客のところへ出向いて、その人の行為を観察しなくてはならない。コンテキストの中で調査をおこなうことによって、アンケート調査の要約ではなく、生きた経験を集めることができる。調査者の仕事は、仕事の構造を見つけることであり、それは非常に詳細なレベルのデータから生まれてくるものなのである。コンテキストの中で調査をおこなうのは抽象化を避けるためでもある。実経験のデー

★Hugh Beyer&Karen Holtzblatt, Morgan Kaufmann Pub, 1997. 現象学的設計論の第一人者でスタンフォード大学のコンピュータサイエンスの教授でもあるテリー・ウィノグラードは Contextual Design について「この本は次世代のインタラクション・デザイナーにとっての手引書である。この手法を使うことでコンピュータシステムのユーザビリティと提供サービスの妥当性は圧倒的に改善されるだろう」とコメントしている。

タではなく抽象化したデータからデザインを始め、さらにそれを抽象化していくと、最終的に顧客にとって使いやすいシステムにはなりにくいからである。

ある行動を観察する、という簡単なことではあるが、実際に大学の研究室やコンサルティングの現場で指導していると、参加者はこの参与観察が意外にできない。いきなりインタビューしたり、ただ漠然と観察したりする。それは調査に不慣れな開発や生産の人にかぎらず、市場調査を専門としているマーケティングの人間も研究所の人間も、観察する対象が客観的に自分の外に存在していると思っているからだ。だが観察する対象を理解するには、自分が変化しなくてはいけない。自分の経験領域を拡大して観察対象の経験を包含するまで、変化していかなくてはいけないのだ。

パートナーシップ

顧客が自分の仕事について話をしながら、仕事の言語化できていない部分を発見する。ここが、「経験の拡大」と呼んでいるプラクティスの要点だ。経験の拡大をおこなう方法はいくつかあるだろう。だが、コンテキスチュアル・インクワイアリーではユーザーと調査者の関係に「師匠／弟子」モデルを採用する。調査対象者を師匠と思い、そこに弟子入りするのだ。調査者は、弟子入りすることで仕事の構造を見出し、パターンを発見し、仕事の整理方法の違いを見つけだす能力を身につけていくのである。このやり方で、非常に簡単に、経験の拡大をおこなうことができる。

インタプリテーション

顧客と一緒に仕事の重要な部分に関する共通の理解を深めるのが、インタプリテーション（解釈）である。仕事に関わる事実の解釈によってデザインの方向性が決まり、事実をデザイナーの目的に関連するアクションに変えていく理由付けとなる。デザイナーは事実に基づいて仮説をたてる。仮説は外観を含めたシステムに関する特定のデザインアイデアとして具象化される。重要なのは事実そのものではなく、事実に対する解釈である。

フォーカス

フォーカスのポイントは、自分自身の目的を明確に理解し、それに基づいて質問することである。調査者はフォーカスをしっかりもつことによって、顧客との会話がテーマからそれないようにする。フォーカスは、調査者に仕事の意味付けを探るフレームワークを提供する。

■師匠／弟子モデル

もちろん、ユーザーとの関係構築には師匠／弟子モデル以外にもいくつかのモデルがある。調査者／被調査者、エキスパート／新人、ゲスト／ホストである。しかし、ニーズとウォンツを区別して顧客の求めるものをデザインするためには、師匠／弟子モデル以外のモデルではかなり難しい。逆にこうした調査の素人であっても、師匠／弟子モデルにしっかりと従えばしかるべき結果を得ることができる。

師匠とするべき相手は、つくりたい商品やサービスのビジョンによって変わってくる。バスルーム周りの商品開発をしたいなら、師匠はお風呂好きなユーザーだし、照明をコントロールするためのしくみをつくるなら照明デザイナー、生命保険の営業改革であれば、ナンバーワン営業マンということになる。この師匠を選ぶところが、フィールドワークのクオリティを決める。調査そのものはそれほど難しくないが、「師匠」を探して調査の許可をもらうまでが大変である。

ビジョンに基づき、師匠（その道のエキスパート）のところへ出かけていって、弟子入りする。相手を師匠と思って観察する。師匠の行動を仔細に観察し、疑問に思った点は質問をし、師匠の世界を自分の世界として経験を拡大していく。インタビューとは違う。また観察するだけではなく、実際に師匠の行動を真似て、その場でおこなわれている活動にみずから参加し、体験したほうが良いアイデアが出る。

弟子はまったくの初心者なので、「師匠、どうしてここはこうするのですか？」といった質問がどんどん心の中に湧いてくる。この質問は、マーケティングでおこなう顧客への質問とは違う。自分が弟子だと想定し、師匠のやることはすべて正しいと思って観察して全部メモしていくうちに、「なぜここにこの棒を置くのだろう？」など、わからないことが出てくる。それを師匠に訊くと、師匠はそれまで意識しないで棒を置いていたが、訊かれればそれはこういうわけでここに置いてあるのだということを教えてくれる。

仕事をしているときに質問をすれば、その質問に対する答えを導き出すのはたやすい。顧客は自分がどのように仕事をしているのかを考えながら仕事をしているわけではない。これは運転者が運転するときに、そのことを考えながら運転しているわけではないのと同じである。しかし、自分が作業をしながらその作業について説明することはできる。結果として、作業の細部を明らかにしていくことができる。デザインを進めていくにはこの細部が重要になってくる。作業をしていないところで話をしても、人は作業についてのプロセスを一般化して説明する傾向にあり、細部は見えてこない。作業をしながら話をすることで、細部や意識していなかったものまでが見えてくるのである。

そのうちに、自分の経験が拡大していって、一瞬にして「あっ、そうなのか」とアイデアが湧いて、デザイン、創造性につながっていく。実はこれはコンピュータの設計論の世界では、現象学的設計論と言われていて、スタンフォード大学のテリー・ウィノグラードなどを中心に活発に議論されている。

■コンテキスチュアル・インクワイアリーの手順

コンテキスチュアル・インクワイアリーは、三つのフェーズから構成されている。

1 自己紹介

自己紹介をして調査の目的を説明する。必要なら機密保持の取り決めをして、録音の許可をもらう。調査対象を「師匠」とみなして調査する旨をきちんと伝える。適切な場合は、師匠が利用しているツールについて意見を聞く。所要時間は、一五分程度である。

2 トランジッション

師匠にコンテキスチュアル・インクワイアリーのルールについて説明する。つまり、師匠はいつものように仕事をおこない、調査者がそれを観察する。気になったところがあれば師匠に仕事を中断してもらい質問する。もし中断が師匠にとって都合が悪い場合には、そのように言ってほしいと伝える。トランジッションは三〇秒程度の時間だが、これは非常に重要な時間である。

3　コンテキスチュアル・インタビュー

師匠は仕事を始め、調査者は疑問に思ったことを何でも訊く。電話が終われば、何についての電話だったのかを尋ね、ユーザーがどこかへ行けば、それについていく。所要時間は一人一時間半から二時間で十分である。

■コンテキスチュアル・インクワイアリーの留意点

また観察調査の実行において下記の点を注意すべきである。

ファーストエンカウンター

まず重要なのは、「ファーストエンカウンター」といって、初めてフィールドに行ったときに思ったこと、気がついたこと、不思議だと思ったことが財産になるということとだ。前にも述べたように、人間は自分の日常の世界は当然のこととして生活を送っているので、その道のエキスパートにとっては、無意識に行動していることでも、フィールドの外からやってきたビギナーにとっては、よくわからない不思議なことが多い。それを最初の新鮮な感動のあるうちに書き留めておかなければいけない。

現場で質問する

現場では、師匠は全部正しいとして、気づいたことをどんどんメモし、わからなければその都度質問をすることが大事だ。師匠自身も無意識におこなっている行動も多いため、時間が経ってからでは理由がぼやけてしまうが、その行動の最中や直後であれば、リアリティをもって理由を答えてもらうことができる。通常の質疑応答とは全然違う質のものが出てくる。

顧客（師匠）の行動を変だと感じたら、それをそのままにしておかないこと。人がおこなう行動にはすべて意味があると考え、自分が理解できないところ、つまり変だと感じたところはすかさず質問する。知らないことは素直に訊いて、必要なら作業をやり直してもらうこと。決して知らないままやりすごさないようにする。後に憶測に頼らないようにするためである。すべては新しいことだと考えること。一度もその作業を見たこ

フィールドワークのラップアップノート

■日時
12月4日 18:30-20:30

■場所
横浜レクレーション協会 @関内
会議室

普段は、レクレーションを普及させるために様々な活動を行っている。会議室の机を取っ払って、椅子を円状に並べて、中心に先生がいる感じ。

■人
○師匠
山内剛司さん

レクレーション業界では、結構有名人らしい。

生徒19人(あとから増えて20人)
みんなレクレーション関係の人が多かった。数人素人っぽい人も混じる。
基本的にテンションが高い。
集まり自身は、レクレーションの資格を持っている人、これから取ろうとする人が多い。先生の中の先生の役目をしている人が多い。

協会の関係者の人×3
事務をしている。基本的には、入り口に座ってレクレーションの様子を見る。

■以下ノート
・会費払う
会費1200円と同時に、名前、住所、電話番号を書かされた。
会費と引き替えに、今日のレジュメが配られる。
レジュメはA4 1枚で、格言と、今日やるレクレーションのリストが書いてある。

・アイスブレーキング
実際にレクレーションをする前に、お互いの緊張をほぐす意味でも、アイスブレーキングを行った。

会議室の前方で、山内さんが話し、それ以外のメンバーは輪になって椅子に座り話を聞く。

「ゲームでなく自己紹介させることなどが重要になる。話の内容はテレビとかいろんなところから取ってくる。小話の中身は、自分の話をするのではなくて、自分が見ているモノとか感じたこと等を話す必要がある。それらをヒントにして話した方がいい。実際にゲームするだけでなく、話術も必要になる。例として、mysong活動というのもある。授業とか何かをするはじめに、クラスの中の誕生日の子の為に歌を歌ってあげるとか、そういうことで、アイスブレーキングさせて上げる事が可能になる。」

「じゃあ実際のゲームに入りましょう」
そう言って、はじめのゲームの説明に入る。

・「握手でこんにちは」
山内さんが指定した人数(5から6人)分、「こんにちは」と言って握手する。はじめは、手で握手をさせる。それも、きちんと顔を見ろとか、相手を見て握手しろとか、様々な指令がでる。

毎回終わる毎に山内さんが、面白い動きをした人のまねをしたり、こういうのはだめですよといって、だめな例を示したりする。「握手することだけに」

はじめ手だけだった、こんにちはゲームが、違う方法で握手をするようになる。
「次は、握手の方法を変えましょう。頭に手を回して握手してください。背が大きな人は、腰を動かして、揃えてあげてくださいね。じゃあ3人!」(以下、４頁ほど続く。)

とがないという気持ちで調査に取り組む。特に、自分がうなずき始めたら要注意である。うなずきは、自分の過去の経験と一致させて、推測していることを示すからである。

濃い記述を心がける（ラップアップ）

仕事についての理解を文章にまとめる。この作業をラップアップ（wrap up）と呼ぶ。ノートを見直し、学んだことをまとめ、時系列にそって一気に書き上げる。調査終了後すぐにおこなわないといけない。この作業が民族誌でいう「濃い記述」を生む。この記録が今後の分析の素材となるので非常に重要な作業である。「濃い記述」は著名な人類学者であるクリフォード・ギアッツ★が定式化した考えであるが、文字どおり、フィールドワーク終了後、記憶を辿って一気にすべてを書き上げる。その道のエキスパートである師匠に弟子入りすることで自分の中に発生した経験を言葉で全部書き出す。記憶が鮮明なうちに記述することで、経験がリアリティをもち、自分の「経験が拡大される」効果がある。

ひとくちに現場に行くといっても、観察する対象は顧客やユーザーだけとはかぎらない。たとえば、「現場」は同じ社内でもかまわない。営業の人やマーケターが技術の現場を見ると、ドキッとすることがあると思う。技術の人が営業やマーケティングの現場を見ても同じである。

研究所の中だけで技術の棚卸しをしているといつも変わり映えがしないかもしれないが、営業の人が参加すると違う感じになったり、逆に研究所や開発の人間がマーケットに出るとまた違うものが見つかるといったことが、必ずある。そうするとアイデアが次々出てくる。そのアイデアをもとに、ビジネスにつなげていくことが可能だ。

技術者に対してサービスの営業についていきましょう、ということを半強制的におこなっている会社は多いだろう。だがそれでは「こんなことやってるんだな」というので終わってしまう。しかし、師匠を見つけて弟子入りをして、師匠が何をやっているのかを一所懸命書き留めると、見方が違ってくる。ただ単についてまわることと違って、自分がまったく知らなかったことも見えてくる。

人を観察するということを強調しても、目新しさは感じないかもしれない。しかし、エスノメソドロジーの手法では、観察の仕方が違う。人の動作や行動に、意識的にしろ無意識的にしろ意味があるという前提で調査をおこなう。経験を拡大するためのフィールドワークは単なる観察ではない。その道のプロ（師匠）が、無意識のうちに当たり前にやっていることが何なのか、弟子入りして自分で体験する。この手法は「プラクティス」であり、すぐできるようになるものではない。できるようになるまではお稽古が必要である。

コンテキスト・デザイン——五つのワークモデル

調査者は複数のイベントやユーザーを観察することで、彼らの間に共通する仕事のパターンを見つけることができる。基本的なパターンを理解することで、彼らの日常生活を支えるシステムを解釈することが可能になる。仕事のパターンを特定の見方にしたがって具象化したものをワークモデルという。

★クリフォード・ギアツ（1926-2006）　アメリカの文化人類学者。

ワークモデル1　フローモデル

フローモデルは、一つの仕事が複数の人間に分割され、それぞれが仕事を終えるためにどのように調整しているかを定義する。仕事をおこなうにあたって必要なコミュニケーションの流れを示す。

見出すべきは以下の点である。

- 仕事の責務はどのように任されるか
- 一つの仕事を実行するために人はどのような異なった役割を担うか
- 新しいタスクはどのように人に渡されるか、誰から助けをもらうか
- 仕事を完了するために一緒に仕事をする相手は誰か
- 調整のために利用する物理的環境とアーティファクト★は何か
- 誰に結果をどのような形で報告するか

ワークフローを見出すには、人びとの間で交わされた電話、回覧された資料、すべてのメール、廊下で交わされた会話など、ありとあらゆるコミュニケーションに着目する。

これらはすべて、公式であれ非公式であれ、アーティファクトの受け渡し、情報のコミュニケーション、仕事をするための調整といったもののインスタンスである。メールや紙を使ったコミュニケーションは目に見えやすいが、会話や手書きの紙を使ってワークフローを支援しているコミュニケーションを見つけるのは難しいため、さらなる注意が必要である。情報を直接渡している作業を観察、記録して分析することでワークフローを見出す。

フローモデルを書き出すことによって、一貫性のある役割をつくりだしているものは何か。どのタスクが、同じような知識、ツール、手段やデータを必要としているか、といったことが見えてくるはずである。

ここでは実際に描かれたワークモデルの例として、「一種のコミュニケーションツールとして使える本棚をつくりたい」というビジョンにのっとって友達の家でフィールドワークした学生がつくったプレゼン資料を掲載している（吉村さんの家を山本くんが訪ねる設定になっている）。もちろん、このとおりの形式でなくても、ワークモデルの機

★アーティファクト　ここではメモやメール、ファクスなど、人の活動の途中で生成されるもののことをいう。アーティファクトは人の手でつくられたもの、受け渡しができるものでなければならない。元来は石器や工芸品など先史時代の遺物のことを指す。

能を果たす図であれば、もっと単純でも複雑でもかまわない。

フローモデルが提供するのは、組織の俯瞰図である。人びとやそれぞれの役割、彼らの間のコミュニケーションパス、そしてそこでコミュニケーションされているもの、つまりは有形のアーティファクトから無形のコーディネーションまでが描かれる。ミーティングルームや掲示板、共有の休憩所といった場所がコーディネーションにとって重要な場合は、場所もフローモデルの中で表現される。

ワークモデル2　シークエンスモデル

シークエンスモデルは、特定の人の行動がどのような流れでおこなわれていたかを示すもので、時系列で表わされる。行動の手順は、行動を起こすきっかけ、行動する人の戦略、達成されるべき目的、何

友達の本棚を覗くコミュニケーションのフローモデル

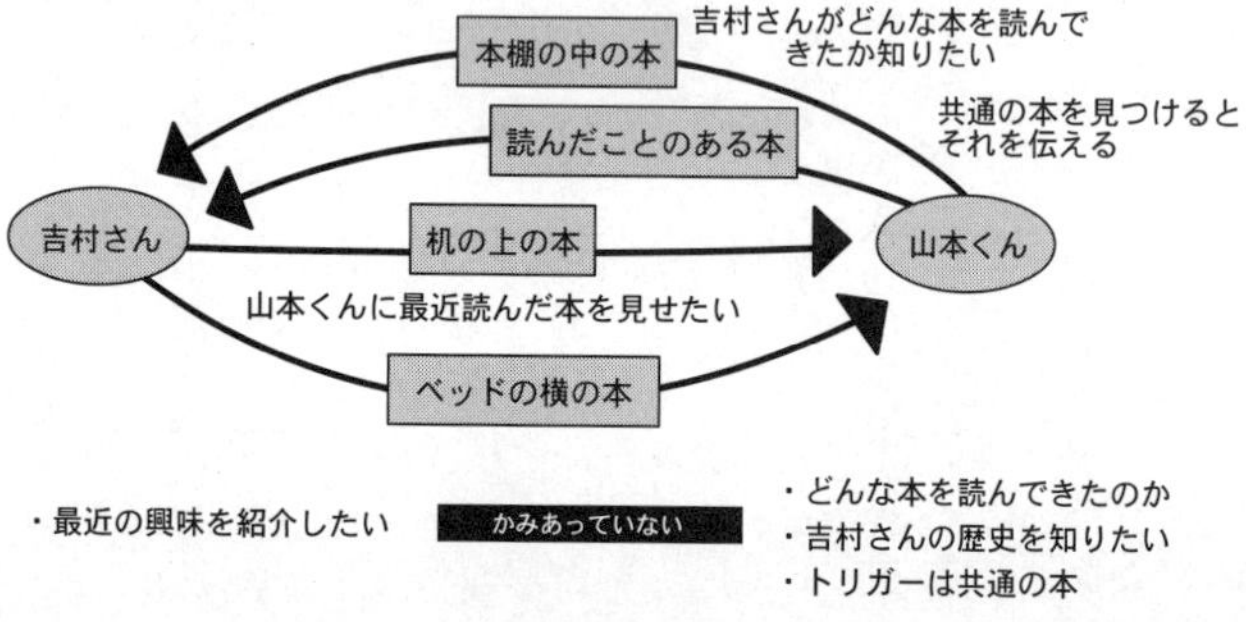

友達の本棚を覗くコミュニケーションのシークエンスモデル

目的：本棚を介して友達とコミュニケーションをする

部屋を感じる
・ばあちゃんちの匂いだ
・意外に近代的じゃない

⇓

本棚に興味が行く
・図書館で見かけた『枕草子』

⇓

本棚を調べる
・となり、下の段、上の段、裏etc
・パラパラめくり、取り出しては、戻し
・「こんなの読んでたんだ」

ずっと本棚を見ている。他はあまり見ない
ここで吉村さんが部屋に入る
◀トリガー：本棚の持ち主が部屋に入ってくる

吉村さんが自分の本について説明
・「これおもしろかった」、「これ高校のとき読んだ」
・あまり会話なし

⇓

本棚以外にある本を紹介
・机の上、ベッドの上

を重要だと考えているのかを明らかにする。顧客の本当の目的を理解することは、行動のやり方を向上させる鍵となる。

シークエンスモデルの特徴は、シークエンスの目的とトリガーを示すところにある。

目的　シークエンスが達成しようとするもの。目的は、シークエンスによって表わされる行動が、なぜ顧客にとって意味をもつのかを定義する。すべてのシークエンスには最初の目的があり、二次的な目的が存在する場合もある。目的は、行動がある方法でおこなわれることの原因となるものである。

トリガー　シークエンスをスタートさせるもの。シークエンスの原因となるもの。すべてのシークエンスにはトリガーがある。たとえば、電話の音が鳴るなどがトリガーとなって、スケジュール調整のシークエンスが開始される。トリガーは、金曜日になったら火曜日の打ち合わせのためにメールを送るといったような時間軸のものもあれば、既決箱がたまっているから行動を起こす、といったような状況的なものもある。

ワークモデル3　アーティファクトモデル

人はタスク（目的を果たすための行動）をおこなう中でものをつくり、利用し、行動に合うように修正を加えていく。顧客がタスクを遂行するために作成し、利用する有形のものはすべてアーティファクトとなる。

友達の本棚を覗くコミュニケーションのアーティファクトモデル

←吉村さんの本棚

手前と奥に二重に本が入れられている。山本くんは、奥に隠されているのが気になっていた模様。

←最近読む本用のミニ本棚

机脇にある。吉村さんはこの中から本を紹介することが多かった。

←リラックススペース

クッションとヨガマット、そして漫画が積んである。明らかに「昨日読んでいた」というのが判る。

父親が勝手に本棚に本を入れてくる。→

友達の本棚を覗くコミュニケーションの文化モデル

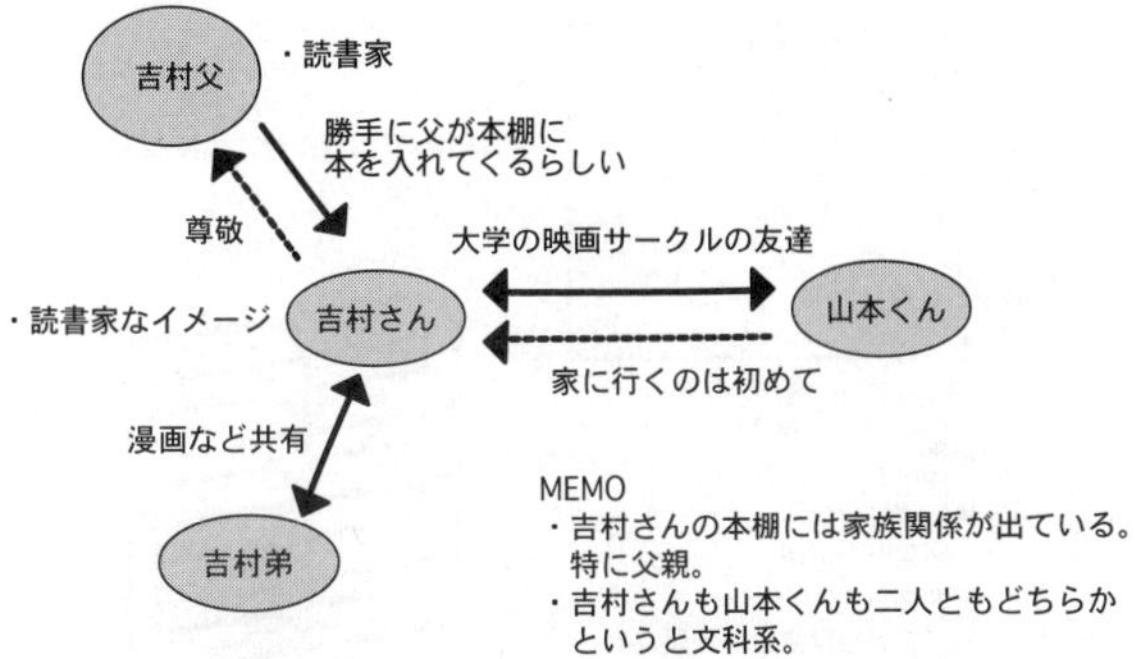
吉村父
・読書家
勝手に父が本棚に
本を入れてくるらしい
尊敬
大学の映画サークルの友達
・読書家なイメージ
吉村さん
山本くん
家に行くのは初めて
漫画など共有
吉村弟
MEMO
・吉村さんの本棚には家族関係が出ている。
特に父親。
・吉村さんも山本くんも二人ともどちらか
というと文科系。

アーティファクトは、タスクをこなしているときに人が何を考え、それについてどう思っているかを表わすものであり、それぞれのタスクについてのストーリーをもっている。形式が決まっているものだけではなく、非公式のノートやメモなども重要なアーティファクトであり、こうしたアーティファクトこそ情報の宝庫なのである。フィールドワークに行って、アーティファクトを集めてそのモデルをつくることは、なかなか楽しいものである。

アーティファクトモデルは、絵や写真にコメントが書かれたもので、構成、戦略、目的を示すためにアーティファクトの情報を拡張して書かれる。目的を達成するためのアーティファクトの部分には直接目的を書き込む。

ワークモデル４　文化モデル

友達の本棚がある部屋の物理モデル

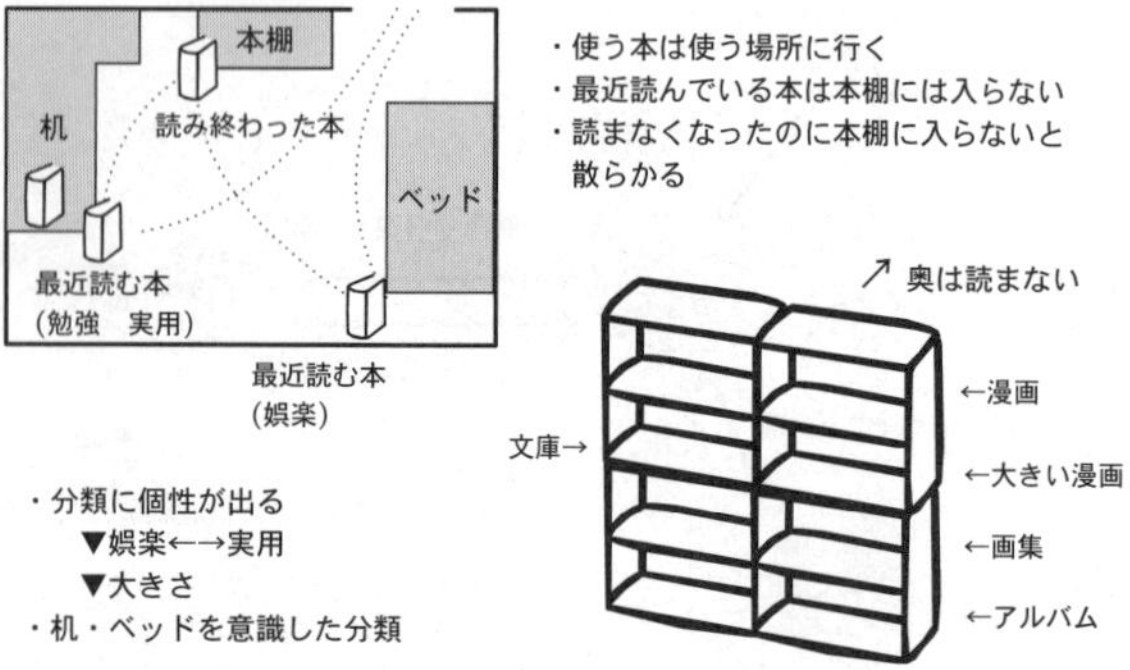

すべての行動は文化の中でおこなわれる。文化モデルは、行動がおこなわれている環境の文化を「影響者」と「影響」という形で図示したものである。文化は、期待、要求、ポリシー、価値、そして行動に対する取り組みなどを定義する。もし顧客に提供しようとしているシステムが、顧客の文化やセルフイメージと矛盾したり、彼らの制約を考慮しないものであれば、そのシステムを利用してもあまり効果は出ない。

文化モデルには、影響者と影響の範囲や度合いが書き込まれる。影響者は、組織内の個人、グループ、あるいは概念上の集団、外部などの行動に影響を与えたり、制約したりする人を指す。影響は、影響を与える方向と、どれだけ影響度があるかを矢印や円の大きさで示し、行動を中断させる何かがある場合は「ブレークダウン」として表現する。文化モデルは目に見えない力を目に見える形にするものであるが、組織図と対応しないという点に留意する必要がある。

ワークモデル5　物理モデル

行動は物理的な環境の中でおこなわれる。環境は行動をおこなう上での支援となる場合もあれば、妨げとなる場合もある。すべての製品やシステムは、物理的な環境がもたらす制約のもとにあるが、制約がある中でも多少のコントロールをもつことはできる。ユーザーは自分が働く場所を自分たちが好むような形で行動できるように再構成する。彼らがつくりだした場所は、彼らの考えを映しだしていると考えることができる。

物理モデルは、活動をおこなっている現場を描いた図である。物理モデルによって物理環境がどのように行動に影響を与えているかを表わす。物理モデルはフロアマップではないので、行動をおこなう上で意味をもつと思われるものを記入し、プロジェクトに関係しない詳細は記入しない。

何をつくるのかに焦点をあて、デザインの中で何を考慮する必要があるのか、どんな役割があり、どのようにインタラクトするのか、物理的・文化的な制約や影響はどのようなものがあるのか、ということを五つのモデルから理解していくことがワークモデルを作成することの目的である。

以上のモデルをもとに、調査をおこなったメンバーで解釈のためのセッションをおこない、重要な事柄について理解を共有しておくことが重要だ。またこの五つのモデルを用いることで、観察した師匠の身体性を記録分析することができる。フィールドワークに慣れてくると、観察記録だけをもとにコンセプトをつくろうとするが、よほど注意しないと観察結果だけをもとに解釈してコンセプトをつくってしまう。すると、身体動作が介在しないコンセプトになりがちだ。ところが、五つのモデルで分析をしておくと、調査した師匠の行動を総合的に認識できるようになり、なぜそのような行動をしたかが理解できるような、つまりは身体性のあるコンセプトをつくることができる。

■インタプリテーション・セッション——ワークモデルのつくり方

ワークモデル構築の作業はインタプリテーション・セッションと呼ぶワークショップのなかでおこなっていく。このワークショップへの参加者はいくつかの役割に分かれる。

調査者　インタビューについて説明する。調査者はインタビューの内容を要約して説明しないよう細心の注意を払う。また調査者は、その場にいた人の役割なので、物理モデルを作成する役割も担う。

ワークモデラー　物理モデル以外のワークモデルをラップアップ資料から構築する。できれば、フローモデル、文化モデルを作成するモデラーとシークエンスモデルを作成するモデラーがいることが好ましい。モデラーは、セッションがおこなわれている最中にモデルを作成する。参加者に途中で合意をとる必要はない。セッションの参加者は、モデラーが間違った方向に進んでいると感じたら議題にあげればよい。ミーティング中にワークモデルを作成することは、皆の関与を促すだけではなく、描かれている間、参加者がそれを眺め、確認するためにその質も保証される。ワークモデルは調査者が見たデータに忠実にそったものでなければいけない。ここには調査対象が「このようにやる」と説明したものは描かずに、調査者が目にしたものだけを描き出す。

記録係　記録係は、コンピュータに議事録をとり、大きなモニターやプロジェクターで記録中に誰もが見えるようにする。キーとなるすべての観察、洞察、文化モデルからの影響、質問、デザインのアイデア、そして仕事におけるブレークダウンは別のノートに記載される。これらのノートはセッションの記録となり、後でまとめを作成するときに利用される。

モデレーター　ステージマネジャーの役割を果たす。このインタビューでは何が起こり、そこから参加者が何をとらえなくてはいけないか、という主軸からセッションがそれないようにする。モデレーターはインタビューのすべてのデータがワークモデルやノートに記載されているかどうかを確認し、参加者全員が積極的に関与しているかどうかを見る。モデレーターはまた司会進行の役割も担う。

魔法のシナリオ

コンテキスチュアル・インクワイアリーの手法を説明してきたが、実はこの手法だけでは、複雑な商品やサービスを設計することは難しい。コンテキスチュアル・インクワイアリーによってフィールドワークをおこない、民族誌を記述し、それをもとに五つのモデルを使ってユーザーの行動を分析したならば、その分析をもとに具体的な設計図をデザインしなくてはならない。観察対象の行動にはビジョンを達成しようとする動きがある。これが目的である。この目的を遂行すべく機能を並べても、我々の身体の延長として使うことができる装置をつくることはできない。機能の集積の先に生きた全体はないのである。

この問題を解決する手法が、これから紹介する魔法のシナリオである。第3章でも説明したが、ワークモデルをベースにして、仮想ユーザーがモノを使って目標を達成するシナリオを描く。これはアラン・クーパーが提唱している方法である。アラン・クーパーは、ソフトウェアデザインにおいてはマイクロソフトのビジュアルベーシックを開発し、ウィンドウズ3・1をウィンドウズ95へと再デザインしたことで有名だ。またソフトウェアだけではなく、ＰＤＡとして画期的なｉＰＡＱをデザインしたことでも知られている。最近の著書 *About Face 2.0*★ではコンテキスト調査とシナリオ法を融合したインタラクション・デザインの方法論を展開している。

彼の方法はこうである。最初にペルソナ（＝登場人物）を設定する。ペルソナとは、それまでの調査などによって考えたモノを使う仮想のユーザーである。「どんな人が使うのか」をよく考えて、ペルソナに反映させる。目的によってペルソナは決定されるが、

★ Alan Cooper and Robert M. Reimann, Wiley, 2003.

ペルソナ
大山まどか
鵠沼中学校２年生 家は海沿いの一軒家 兄弟は兄と弟
おしゃれに興味はあるけど服は多く持っていない
買い物は藤沢OPA、藤沢丸井、たまに横浜まで遊びに行く
可愛らしいけどラブリーすぎない格好がしたい
目下の悩みは差し迫った修学旅行の自由行動の服
飯田由佳
鵠沼中学校２年生 まどかの親友
母親とよく買い物に行くので服はたくさん持っている
けれど実際着ようとすると着られない服が多い
雑誌に載っているような格好がしたい
angel blueなどnarumiyaの服が好き
ソフトボール部所属 足に筋肉がつくのを嫌っている
副田洋介
鵠沼中学校２年生 まどかの好きな男の子
元気がよく話がうまい
たまに先輩に呼び出される パンツは腰ではく
大人っぽい格好の女の子がイイ! サッカー部所属
買い物は藤沢ですませる
橘絵美
鵠沼中学校２年生 まどかと由佳のクラスメイト
制服の着こなしがかわいい
明るく華やかで面白い性格
テニス部の副将を務めている
買い物は表参道、原宿 重ね着で遊ぶのが好き
橋本みどり
都立弓崎高校２年生 高校を卒業したら雑貨バイヤーの勉強をしたいと思っている 学校は友達に会いに行っているようなもの
学校が私服通学なので毎日飽きの来ないコーディネートを目指している 二ヶ月に一度くらいの割合で雑誌に載る
日によって「可愛いギャル」や「スポーツ選手」というようにテーマを決めて遊んでいる
よく遊びに行くのは代官山、青山、中目黒、よく通るのは渋谷、原宿
お気に入りのお店は代官山の定番ハリウッドランチマーケットとムーンストラック あと東急ハンズとオカダヤにも行く
友達と遊ぶのもいいけどやっぱり買い物は一人で行きたいよね派
バイトは地元のファミレス、彼氏も厨房で働いている おすすめはキャラメルハニーパンケーキ

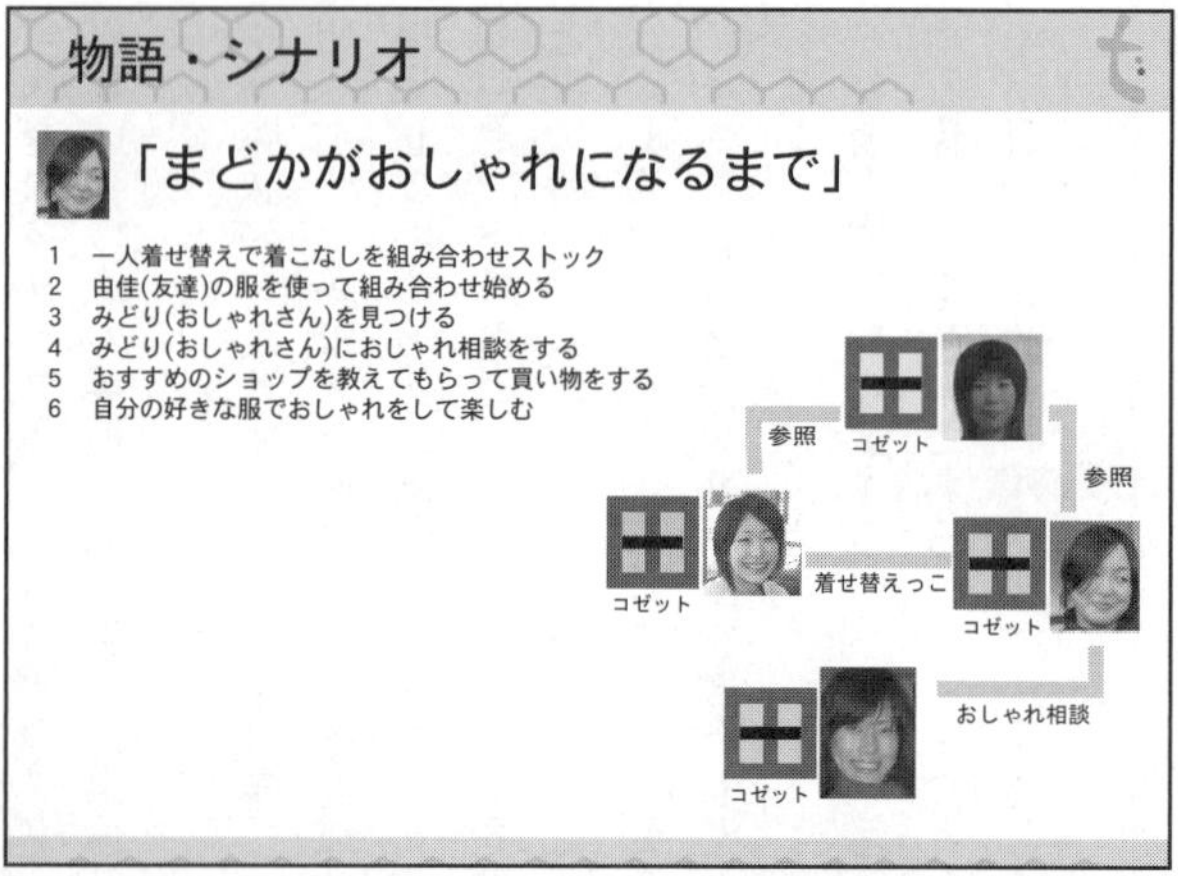
物語・シナリオ
「まどかがおしゃれになるまで」
1 一人着せ替えで着こなしを組み合わせストック
2 由佳(友達)の服を使って組み合わせ始める
3 みどり(おしゃれさん)を見つける
4 みどり(おしゃれさん)におしゃれ相談をする
5 おすすめのショップを教えてもらって買い物をする
6 自分の好きな服でおしゃれをして楽しむ
参照
コゼット
参照
コゼット
着せ替えっこ
コゼット
おしゃれ相談
コゼット

物語・シナリオ

４月の終わり、夜、鵠沼の海岸通り、白い家、２階の角の部屋、まどかは悩んでいました。

「ああ、修学旅行まであとちょっとになっちゃった。何着ていこう…」

中学校の修学旅行の行き先は２泊３日京都です。２日目の自由行動をまどかはとても楽しみにしていました。自由行動の班に気になっている男の子洋介くんがいるからです。

「どんな服着てったらかわいいかなあ。スカートだと目立っちゃうし…。パンツあまり持ってないし…」

そこでまどかは部屋のクロゼットを開けてベッドの上に持っているパンツをすべて並べてみました。すると、小学校六年生のときに買ったパンツ、そのときはおかあさんの買い物についていったときに買ってもらったものでたいしてかわいいと思っていなかったのだけれど、なんだかけっこうあわせやすくてきれいめなんじゃない？ってまどかは思いました。他に、定番ベージュパンツがひとつ、中１のときに買ったボブソンのジーンズ、この間買った茶色のパンツ。パンツに合わせてトップスに何を着ようか考えてみました。でも、いつもと同じようなコーディネートしか思いつきません。

物語・シナリオ

そこで、まどかは、コゼットを開きました。まずは、パンツを取り出して、着せ替え人形に着せました。いつものように、パンツにトップスを合わせてみます。やっぱり同じようなコーディネートになってしまいます。そういえば前に洋介くんが、「俺きれい目なお姉さんっぽい感じがスキ」といっていたことを思い出しました。

「きれい目な格好って言っても、みんなと同じような組み合わせじゃ洋介くんが注目してくれないだろうな…」


そこで、小学校六年生のときに買ったパンツを着せ替え人形に着せます。そして、よく着る服の他にも自分の持っている服を見渡してみました。意外にいろんな洋服持ってたんだー。まどかは、今まで合わせたことのない服も次々にコーディネートに加えて着せ替えしてみます。すると、いつもと違う雰囲気のコーディネートもできるようになっていきました。まどかは、新しいコーディネートをコゼットにストックしておくことにしました。そして、きれい目なんだけど自由行動でたっぷり動けそうなコーディネートが見つかったので、自由行動の日付でコゼットにストックしました。

魔法のシナリオをパワーポイントの資料にまとめた例。

漠然と「主婦」「女子大生」「ビジネスパーソン」といった名称ではなく、名前や性格も考えて特定の個人をイメージする。ペルソナを具体的に考えるほど、使い方も具体的になり、機能や使い方を決定するときにも、そのペルソナが判断の基準となってくれる。不特定多数の人たちではなく、誰か一人のためにデザインをおこなうのである。

幅広い顧客を満足させるためには多くの機能を詰め込まなくてはならず、非常に使いにくい曖昧なモノになってしまいがちだ。設定したペルソナ一人を完全に満足させるモノをデザインすることで、経験を豊かにするデザインが可能になる。

ペルソナを設定したら、そのペルソナがモノを使って目標を達成する物語をつくる。ペルソナがどう考え、行動するかを頭に入れて、モノを使うシーンを最初から最後まで書ききる。モノの使われる場所、操作の仕方、使うことで起こる感情まで描写する。

つまり、「どんな人が、どこで、どのような使い方をするのか」を明示するのだ。テクノロジーや社会関係の制約に縛られることなく、やりたいことは「魔法でできる」と考えてシナリオを描く。具体的で楽しさの伝わるシナリオであればあるほど、その面白さを残したまま、デモやワーキングプロトタイプをつくることができる。写真などのイメージを用いるのも有効である。「魔法のシナリオ」を描くことで、プロダクトの世界観や具体的な使い方などを共有し、創造のプロセスにおけるステップ4のデザインへ展開できる。

魔法のシナリオを書くということは、顧客を語るということである。また、シナリオの中で技術設計をしていることも重要である。技術の言葉で設計していたときは、「顧客指向」と言っても、結局は顧客の顔が見えていないことも多かった。だが、魔法のシナリオでは、シナリオの中で顧客の経験を体感しながら設計ができる。

魔法のシナリオが書けると一気に商品の設計が具体化してくる。従来の商品開発では「技術があってこういう機能として使える」というイメージだけで終わるか、あるいは夢のようなシナリオだけで終わっていて、実際の商品やサービスの設計につながらなかった。魔法のシナリオを使う手法だと、自分たちの技術を把握してフィールドワークに出た経験をもとにしているので、技術の使いどころに見当をつけることができ、具体的な設計につながる。

もちろん、フィールドワークに行く前にきちんと哲学／ビジョンを構築しておくことが大切である。哲学／ビジョンを踏まえてフィールドワークをおこない、経験を習得してそれを分析する。分析したモデルを参考に魔法のシナリオでやりたいことを再構成する。すると、やりたいことの背後にある大きなサービス基盤も見えてくる。こういった感覚を、従来の商品開発の担当者がもつことはあまりないのではないか。バラバラにサービスや商品があって、それをなんとか一つの事業にまとめていこうともがいているのではないだろうか。

魔法のシナリオを何度も修正していくうちに、つくろうとしているモノの大きなアーキテクチャーが浮かび上がる。それはつまり「舞台」である。アラン・クーパーがウィンドウズをつくり直した手法としてシナリオ法は知られているが、この手法はソフトウェアの開発に限ったことではなく、ハードウェアにまで広げることが可能である。むしろ、ソフトウェアとハードウェアを同時に開発する二一世紀のモノづくりに相応しい方法である。

魔法のシナリオは「創造の方法」の上流部分の一番の肝《きも》になる部分である。シナリオを書きながら、チームのメンバーが個々人として体感してきたことが一つになっていく。哲学／ビジョンがあるからこそできるシナリオである。チームワークで、コンセプトを一つにまとめて、全体像ができあがる。

コンセプトを考える段階では技術の裏付けが必要だったが、シナリオでは「魔法で解決できる」としたことで、全員の考えが再び膨らむ。ここが醍醐味である。チーム全員が調査に出て、シナリオを書くことが大切である。これによって、コンテキストおよび使う言葉の共有を図る。ここが共有できると、その後は分かれて作業してもコラボレーションが可能になる。シナリオがグループで共有できていることが、開発においては大きな武器になるのだ。

いきなりシナリオだけを書け、と言われても難しいだろう。ところが「創造の方法」では自分でフィールドワークに行き、コンセプトをきちんと考えているので、シナリオそのものは意外と簡単に書ける。いままで自分の心の中で考えていたコンセプトが舞台に、つまりは世界に出ていくことが感じられれば、魔法のシナリオは成功である。コンセプトに形ができ、色がつく。これが魔法のシナリオの良いところである。

全員のシナリオを一つにまとめることも大切である。そうすることでメンバーそれぞれが作業の前後関係に目がいくようになる。最初に考えた哲学／ビジョンに従ってフィールドワークに出かけて経験を拡大する、という作業をする点で、いわゆるシナリオ設計法とは一線を画する。シナリオ法を試みている研究者は多いだろうが、自分の経験だけに依存するために三行くらいしか書けない、という例も多い。コンテキストを共有することで、自然にどんどん書けるのだ。シナリオを書くことをメソッドやプロセスにしてしまうとつまらないものになる。経験をたくさん共有して、人間が人間であるがゆえに自然に出てくる物語をシナリオにするのだという姿勢が大切である。

魔法のシナリオは、基本構想と呼んでもよい初期段階の設計図でもある。この設計図をフィールドに出かけたメンバー全員で書き、そのシナリオが一つになる頃にはチームとしてのまとまりも出てくる。フィールドワークの段階では、皆「本当に行くのか？」「とりあえず行くしかない」というような感じをもつ。それを師匠に弟子入りするという作業を要求することで、経験を拡大するプラクティスが身についてくる。そのプラクティスの延長線上に、魔法のシナリオを書くという作業がある。シナリオを書いているときには、フィールドでの経験を思い浮かべているので、すらすら書ける。フィールドワークを全員でおこない、それぞれがシナリオを書き、それを統合する。すると商品単体ではなく、必要となるサービスや商品が使われる環境も同時にデザインすることができる。顧客を観察して、顧客の情報を知識として獲得してもあまり意味はない。必要なのは商品やサービスを開発する人間が、自分の経験を拡大することにあるのだ。

第5章 プロトタイプ思考
——創造のプラクティス2

スタンフォード大学のDスクールは、ビジネスソフトベンダーのSAPの創業者であるハッソ・プラットナーからの多額の寄付を受けている。そもそものきっかけは、二〇〇四年にアメリカのニューオーリンズで開催されたSAPの国際顧客会議「SAPPHIRE '04」で、プラットナーがIDEOについて次のように発言したことだった。「新しいデザインの技法という意味で、ここで取り上げられている人たちとわれわれのやっていることには、共通点が多い。さらに〝アンフォーカスグループ〟や〝観測〟のような同じ用語もいくつか使っている。信じられない。私はいままでこの会社のことを知らなかったのだから」

当時IDEOはプロダクト・デザインの会社として知られており、P&Gの絞らず使える縦置き型の歯磨きチューブや、ポラロイドのインスタントカメラなどで有名であった。これに対して、SAPは企業のビジネスプロセス管理を支援するERP（企業資源計画）ソフトなどのビジネスアプリケーションを開発する企業である。しかしながら、プラットナーの目には共通点が見えた。それは両社が共にデザイン作業の途中で顧客の反応を探っている点だったという。

つくるものがハードであろうとソフトであろうとも、ユーザーの行動を十分に把握して顧客が望む製品やサービスを開発するためには、顧客を巻きこんだ形で作業を進める必要がある。それができれば、時間もかからず安価で済み、より良い結果をもたらすだろうとプラットナーは考えており、IDEOが提唱している「クイック&ダーティプロトタイピング」と呼ぶ方法を非常に高く評価したのだった。プラットナーは、「早い段階から顧客に参加してもらうことが必要だ。決定を下す前ならそれほど費用もかからない」と述べる。

本章では、プラットナーが感心した「プロトタイプをつくる」というプラクティスについて論じる。プロトタイプをつくる目的は、クライアントや上役を説得することではない。つくることで考える（= build to think）ためである。これは、考えたらまずつくってみるということである。つくることで考え、つくりながら考える。プロダクトやサービスをつくるときに、そのものに対してどういう操作をするのか、どういう機能をもたせるのか、どういう形が一番使いやすいのかということは、頭の中でどんなに考えていても、実際にプロダクトやサービスをつくってみないとわからない。だからつくって考えてみようということだ。

アイデアを思いついたら、すぐにプロトタイプをつくってみる。アイデアから実際のプロダクトやサービスをつくるという段階にいくには、創造性のジャンプが必要である。アイデアは一瞬にして、ぽんと出てくる。時間をかけなければいけないのは、プロトタイプをつくるというところだ。この点はいくら強調してもしすぎることがないくらい重要である。何かアイデアやコンセプトができると、その本質を議論する人がほとんどである。それではいけないのだ。まずつくってみる。そこが何よりも大切なのだ。つくったものはたいてい失敗する。しかし、その失敗から多くを学んで素早く成功に結びつける。これがプロトタイプ思考である。失敗することでコンセプトを洗練させていく方法といってもいい。失敗からこそ学ぶことができる。つくらなければ失敗しない。すぐにプロトタイプに取りかかることを覚えたら、どんどんとプロダクトやサービスづくりは進んでいく。これが創造性のプラクティス＝「お稽古」の基本である。

第3章でも述べたように、企業とプロダクトやサービスづくりのプロジェクトをおこなっていて、もっとも反発が大きいのがこの「プロトタイプ思考」のプラクティスである。皆、「まずつくって考える」というプラクティスが身についていないので、良いコンセプトをつくってから、プロトタイプづくりにとりかかろうとする。しかしそれでは遅い。とにかく、コンセプトができたらつくってみる。すると失敗する。失敗することが実は次を生み出すので、失敗することが目的でもいいくらいである。失敗しながらコンセプトを洗練させていく。

つくるもののサイズが大きい場合も、簡単なしくみで実物大の空間だけでもつくることが大切である。リアルなサイズのプロトタイプをつくったとたんに、図面や模型ではわからなかった感覚が、一瞬のうちに芽生えるのだ。その身体感覚をもった上で、コンセプトを再度検討する。

このように、プロトタイプをつくりながら考える方法を、プロトタイプ思考と呼んでいる。これは技術を見せるためのデモンストレーションとは本質的に違っていて、製品あるいはサービスのプロトタイプをまずつくる、そしてそれから考えるというところに特徴がある。直感的、感覚的な作業なので、理屈で割り切れない感じがするかもしれないが、何回も繰り返していくと、だんだん身体がプロトタイプをつくる作業に慣れてきて、良いプロダクトやサービスが短期間でつくれるようになる。

IDEOの創業者でスタンフォード大学の教授でもあるデイヴィッド・ケリーは、プロトタイプの文化をプラクティスとして身につけたメンバーが新しいプロダクトやサービスを開発している組織が生み出すものは、どこか違っていると述べたことがある。★それでは、プロトタイプ思考とはどのようなものなのか。

イノベーションを試みるときには二つの相反する力が存在する。一つは、新しいアイデアから構成されるコンセプトである。もう一つは、そのコンセプトを実現するプロトタイプである。プロトタイプはコンセプトが実現不可能であることを教えることもあれば、コンセプトが不十分なのでプロトタイプがつくれない、という反省を促すこともある。コンセプトとプロトタイプの間の緊張関係を、物理の理論と実験にたとえる人もいる。理論と実験の間を行き来することが物理学の発展に寄与するように、コンセプトとプロトタイプの間の行き来がイノベーションを促進するのだ。

大会社はどうしてもコンセプト主導、言い換えればスペック主導になる。大量の情報を整理して多数の顧客を相手にする企業は、どうしてもコンセプトをプロトタイプにする前にマーケット調査をおこない、そこからさらにコンセプトを検討したりしてしまう。

★『ソフトウェアの達人たち——認知科学からのアプローチ』、テリー・ウィノグラード、瀧口範子訳、ピアソンエデュケーション、二〇〇二年（新装版）、一八四ページ組織としてコンセプトからプロトタイプに進むことが難しいようになっている。

プロトタイプ思考であれば、コンセプトができた段階でまずつくる。そしてコンセプトを検討する。また、最終製品を工場で大量に生産する前に市場のフィードバックを得るために、プロトタイプを使うこともある。

イノベーションの実践を教えているときに頻繁に観察される現象なのだが、新しいモノのコンセプトをつくると、いきなりそのコンセプトの詳細や有効性に関しての議論を始める人が多い。また、実際にコンセプトを提案した者ではなく、コメント好き、批評好きのメンバーが議論を引っ張っていく傾向もある。これは私が教えている大学の研究室の学生でも、また自社でコンサルティングをおこなっている企業のメンバーでもはじめは皆同じだ。コンセプトができたら議論しないでつくる。つくって考える、つまりbuild to thinkである。このプロトタイプ思考を身につけるには、それなりの訓練が必要なのだ。

プロトタイプは二種類ある。一つはコンセプトが有効かどうかを検証するプロトタイプ。もう一つはそれが製造コストなどを考慮して製品化可能かどうかを検証するプロトタイプである。本章では前者のプロトタイプについて検討する。

では何のためにプロトタイプをつくるのだろうか。それは、思いついたコンセプトに疑問をもつためである。プロトタイプをつくっているときには様々な疑問が頭の中に浮かぶ。その疑問に答えるために、プロトタイプをさらにつくる。非常に高度な問題に簡単なプロトタイプをつくることで答えることができるときもあれば、簡単な質問に答えるためのプロトタイプ製作が難しい場合もある。いずれにしても、プロトタイプをつくりながら問題を発見し、それを解決するなかで自分がつくろうとしているプロダクトやサービスを説明する言葉が豊富になっていく。

プロトタイプは素早くつくらなくてはいけない。これはラピッドプロトタイプとかダーティプロトタイプなどと言われる。決められた時間内に多くのプロトタイプを製作すればするほど、技術的に洗練したプロダクトやサービスになるのである。

プロトタイプの評価も難しい問題である。試行錯誤をしている過程にあるプロトタイプが、どのようなプロダクトやサービスになるのかを適切に判断することは非常に難しい。しかしだからといって、プロトタイプを意思決定をするための説得のメディアにしてはならない。デザインを優れたものにするための方法としてのプロトタイプの意味が薄れてしまうからだ。プロトタイプをつくることによって、イノベーションが促進される。技術的なイノベーションをプロトタイプで検証するわけではないのだ。また、創造的な人あるいはチームが創造的なプロトタイプをつくるのではなくて、創造的な、あるいはイノベーションに満ちたプロトタイプをつくることで、創造的なチームが生まれる点が大切である。

いってみれば、プロトタイプ主導型のイノベーションを組織のなかに埋め込むのであるが、それは一定期間に一定量のプロトタイプをつくる、という量的な作業でもある。多くのプロトタイプをつくることで、イノベーションがおこるのだ。

プロトタイプを製品開発の早い段階で導入することは、組織のあり方をも変えていく。問題を解決することと、問題を生み出した背景を考えてなにか新しいものを生み出す作業は本質的に別のものなのだ。エンジニアは問題解決を先行させる。デザイナーはビジョンを実現しようとする。そのために様々な答えのない問題に直面し、それを創造的に解き明かそうとする。イノベーションを実現するには、エンジニアとデザイナーの二つの側面を同時に満たさなくてはならない。しかし、そのような資質を身につけるための決まった方法はないのだ。どうすればいいのかを指示することはできない。そこで、いろいろと試して模索する環境が必要となる。そのなかで答えを見つけていかなくてはいけない。模索は紙と頭でおこなうだけではなく、実際に手を使っておこなう必要がある。物理的な感覚を手に覚えさせるのだ。

プロトタイプづくりを繰り返すことで、「機能」と「見た目」も洗練させていく。人びとの手に届くときには、デザインされたものがすべてである。コンセプトを言葉で説明しなくても、ユーザーが手に取って使うだけでコンセプトが伝わるデザインを目指すのである。

プロトタイプをつくって考える方法を私が初めて目にしたのは、デザインクエストの準備のためにIDEOを訪ね、オフィスを見学したときである。当時からIDEOは「名詞ではなく動詞で考える」デザインを主張していた。モノそれ自体をデザインするのではなく、行動をデザインする、という考え方だ。行動、それも一つの行動ではなく一連の行動を発見してデザインをおこなう。この方法はユーザーの経験をもとにデザインする作業に相応しく、市場に受け入れられる商品をつくることが容易になると、ティム・ブラウンは述べていた。

デザインクエストではそれを「シークエンス・デザイン」と呼び、ティム・ブラウンは台所のデザインをおこなうワークショップを開催した。家庭のキッチンにおいてキーになる動詞や動詞の連続を見つけて、それらのキー・シークエンスを満足させる一連の商品をデザインする。台所で使う一連の動詞には料理をする、準備をする、計画する、かたづける、貯蔵する、などがある。このように特定のマーケットに対して商品をつくっていく方法を、IDEOではイノベーション・デザインと呼んでいた。

問題を理解して、観察して、視覚化する。これが、デザインクエストのときにIDEOがおこなったワークショップでのプロセスであった。本書で説明している哲学からビジョンをしっかりと理解して、観察により経験を拡大して、コンセプトをつくる、というデザインプロセスである。デザインクエストではコンセプトを視覚化してプレゼンする、ということであったが、それと同時に実物大の模型をつくりましょう、と指導していた。

非常によく知られている例として、IDEOの創設メンバーの一人であるビル・モグリッジが、世界最初のラップトップ・コンピュータを開発したときのケースがある。彼はノートのように使えるコンピュータが欲しいという思いから、木とバネを使って開いたり閉じたりするしくみをつくった。IDEOのスタジオを訪ねると、木とバネのプロトタイプがあって、ゲストに説明してくれる。最初にノートのように使えるコンピュータというのはどういうものだろうかと考えて、実際にどのような厚さで、どのような角度で開いて、どうすれば使えるのかということを検討し、基本的な構造を決めてから、実際にその上で動かすコンピュータをつくったのだ。

木とバネでプロトタイプをつくって試行錯誤するうちに形ができ上がり、開閉のしくみの部分で特許が取れた。なぜコンピュータをつくるのに木とバネなのかと思うかもしれないが、手近な材料ですばやくプロトタイプをつくり、プロダクトやサービスの形を決定していくことで、実際に使えるものにしていくことが大事なのだ。

こうして開発された革新的なデザインのラップトップ・コンピュータ、グリッド・コンパスは、一九七九年のデビュー当時の値段で一台八〇〇〇ドルから九〇〇〇ドルであった。買い上げたのは主にアメリカ連邦政府、軍、NASAなどで、一九八〇年代初頭のスペースシャトルの中でも使われた。また、その堅牢さと軽量さにより、軍の空挺部隊でも使用されたという。非常に優れたデザインで、ニューヨーク近代美術館のパーマネントコレクションとされている。

それから何年か経って、安価にコンピュータがつくられるようになって、日本などの多くのメーカーがラップトップ・コンピュータを生産するようになり、普及していくことになる。しかし、開発にあたってその構造の特許はもちろんとってあったので、グリッド社は、ラップトップ・コンピュータの普及に伴って特許料で莫大な収益をあげることになった。

ここで大切なのは、当時ある技術でつくれるものをつくったのではなくて、使うべき形、使えるような形をプロトタイプをつくることで思考して、技術を集めていったということだ。いずれ技術が追いつけば、それはより安い値段で可能になっていく。これを、実際にプロトタイプをつくらずして考えることはおよそ不可能だ。

プロトタイプというと、本格的なものを想起するかもしれないが、段ボールとか木とか粘土などでつくれるのだ。木、紙、段ボール、粘土などで考えるプロトタイプのことを、ダーティプロトタイプと呼ぶ。ある程度考えたら、すぐプロトタイプをつくってまた考えるという作業によって、イノベーションが可能になっていく。

以上のような作業を繰り返しながら、どんどんみずからつくっていくのがプロトタイプ思考である。議論をして、「発明」して、企画書を書いて、もっともらしい絵を描いて下請けに出し、下請けは孫請けに出し……といった通常の商品開発の流れではない。

第3章で紹介した西堀榮三郎は創造性の重要さを企業に訴えかけてきた先達であるが、新製品開発について面白い意見を記している。新製品開発に成功した企業の多くは、開発担当者に社長と同等の権限を与えていたと西堀は述べている。その意味で、大企業では新製品開発は難しくなってきている。本書でも述べているように、新製品開発すなわちイノベーションは、規模は小さくとも広い範囲に及ぶのである。その範囲をまかされている権限がないと成功はない。

その一方、その権限さえ与えられていれば、誰にでも新製品開発はできるという。彼が指導していた東芝の例では電気炊飯器、扉を開けずに冷水をとりだせる冷蔵庫、もちつき機などの目玉商品は、現場の人間のアイデアから生まれてきた。発明の種はどこにでも転がっていて、大切なことはその種を育てることだという。その方法として、大研究所方式ではなく、社会の要求（哲学とビジョン）が先にあり、知識（コンセプト）が追従していくうちに、つまりは要求を満たそうと切迫感をもって仕事をしているうちに、イノベーションが起こるのだという。

切迫感をもっておこなっている作業は、「研究とはほど遠い試作」であることが多いという。それはむしろ試作研究所と呼ぶべきかもしれないと述べている。発明が成立するためには単なる思いつきではだめで、それが実現されなくてはいけない。それには思考の上だけではなく、試作してみる必要がある。彼はこう述べている。「それには何がしかの費用がいるが、そのやり方はピンからキリまであって、実現可能性を最小限立証するのであれば、存外金のかからない方法でやれるものである」★

彼のようなプロトタイプ思考の指導者が、戦後多くの大企業を指導していたかと思うと愉快になると同時に、現在の硬直した新商品開発体制しかもちえない日本の大企業の

★『西堀流新製品開発——忍術でもええで』、一一〇ページ

組織改善は急務ではないかと思うのだ。

フォームブレスト

コンセプトをつくるためのダーティプロトタイプとして、「創造の方法」では三つの手法を使う。

最初におこなうのは「フォームブレスト」と呼んでいるものである。いってみれば、形を使ったブレインストーミングである。コンセプトの中に潜んでいる形のアイデアを、具体化・具現化していくプロセスで、コンセプトモデルが固まった、あるいはぼんやりと見えてきた段階で「形のデザイン」を与える作業である。実際に手を動かしながら考えることにより、プロダクトの機能・構造についても同時に検討することができる。感覚的・直感的な作業も含まれる。考え込まないで、体を動かしてつくってみる姿勢が大切だ。

初めのイメージを超えて、これはと思うものに辿りつくには、ブレイクスルーが必要で、ブレイクスルーするまではアイデアを出しつづける。そのために最初に粘土で膨大な数のプロトタイプをつくり、ある時点でブレイクスルーすることを狙う。ブレインストーミングといえば、ホワイトボードやポストイットを使ったりしながらおこなうが、これを、粘土で形をつくりながらおこなうのである。短時間に大量のアイデアを出すことが重要で、細かくディテールをつくることではまったくない。たとえば四人で三分間に一個ずつ発表して一時間繰り返すと、数十個のアイデアが出てくる。フォームブレストで出てきた形に、それぞれつくった人がメモ書きをつけて、写真を撮ってチームの中で発表し合っていく。ここから最初のプロトタイプが決まる。

手を動かしながら、あるいは身体を動かしながら考えることによって、かなりいろいろなことがわかる。のちのちインタラクションの機能をのせていくことになるので、実際にプロダクトやサービスをつくってみてその形を見ながら、人間との関係性を考えることで、より豊かな形とアイデアが出てくる。

フォームブレストは私がつくった言葉だが、粘土を使って考えるやり方は、ヒューマン・コンピュータ・インタラクションのもっとも権威のある学会（CHI）でもワークショップをおこなっているポピュラーな方法である。粘土や段ボールを使って、指を動かしながら形を考えていく作業をおこなう。棚卸しした技術がフォームブレストに活かされ、粘土がシナリオと対話していく。シナリオを洗練させていく意味でも、粘土でのブレストは重要だ。

紙の上で考えるのと、粘土で指を動かして考えるのは違う。短い時間の中では言いたいことを形にすることがなかなかできない。形が不十分だからこそ、そこでユースとして説明を考える。その中でシナリオのアイデアが具体化していく。それがまたシナリオに反映される。

フォームブレストは手を動かすので楽しい。楽しいと思うところから、さらにアイデアが広がっていく。ディテールがなく、同じようなものをつくるわけにいかないので、自分が考えているものを一所懸命につくろうとして、別の形になって出てくることもある。それを繰り返すうちに、その人が考えている全体像が見えてくる。チームのメンバーが考えていることが相互に共有化できる。また実際にプロダクトやサービスがないと出てこない感覚（楽しい、かわいい）を感じることができる。

ダーティプロトタイプ

フォームブレストを通じてデザインの方向性がある程度定まってきた段階では、ダーティプロトタイピングという手法が有効である。本格的にデザインに入る前の段階で、主に以下の三点を検証する。

・**スケール感**　どれくらいの大きさが適しているか

- **インタラクション**　どのようなインタラクションがあるのか、それは楽しいか
- **特徴のディテール**　その形のアイデンティティ、オリジナリティに当たる部分は何か

厚紙、段ボール、発泡スチロールなどの身近な素材を使って、できるだけ素早く、自分たちが出した構造のアイデアを身体で感じられるようにつくる。ダーティという言葉に象徴されるように、短時間にたくさんのプロトタイプをつくって検証することがポイントである。プロトタイプが雑なほど、フィードバックの質が上がるともいわれる。特徴的な部分だけつくり込んで、あとは雑でも検証には支障がないことを意味している。

細部にこだわるのではなくて、パッとつくったときに、スケール感がどうなっているのか、インタラクションがどうなっているのか、ディテールがどうなっているのか、各ポイントが見えるようなプロトタイプをつくることが重要だ。可能なかぎり構造を再現する機能を加えるが、構造のアイデアがひとつにまとまらない場合は、複数のダーティプロトタイプを短時間でつくるのも効果的だ。

デザインで人気の高いダイソンの掃除機も、初期のプロトタイプは段ボールでいくつ

もつくられ、ディテールが決まっていった。また、掃除機のギアの構造・機能を確かめるためにも段ボールで複数のプロトタイプがつくられた。

コンセプトが決まった段階で、特徴的な部分に絞り込んでさらにプロトタイプをつくる。場合によっては、部分だけをダーティプロトタイプにすることもある。実物大でつくることで、インタラクションが可能になる。段ボールなどの簡単なものでつくるので、壊すことができる。破壊しながら創造できるのはとてもいい。わざと壊れやすいものでつくることによって、自分たちでつくりながらインタラクションできる。見た目がそれほど美しくないということで、プロダクトやサービスに対するフェティシズムが消える効果もある。実際に経験すると、身体感覚を本当に実感できる。

ビデオプロトタイプ

さて、第三のプロトタイプは映像製作である。西堀榮三郎の時代には非常にコストがかかった方法だったであろうが、現在では非常に安価につくることができるだけではなく、コンセプトを実用性のある製品やサービスに進化させていくために非常に重要なプロトタイプの一つである。

映像は「魔法のシナリオ」を下敷きにする。シナリオを映像にする目的は、コンセプトを目に見える形にして、皆に提示するということと、どのように使うのかという流れが映像をつくることではっきりとしてくる点である。未来のユースであっても、映像ではそれをきちんと描いて表現することができる。現状では技術的に難しい部分も、コンセプトを映像にすることで、その可能性を示すことができる。何十億円もかけて開発を始める前に、コンセプトが正しいかどうかを、映像をつくって検討するという意味合いも大きい。どうすれば他人に説明できるか、わかってもらえるかということを自然なつながりで考えるので、その中に違和感のある存在を持ち込めない。単にプレゼンやデモのためにビデオをつくるのではなく、現実味のあるものを設計する重要なプロセスでもある。デザインした製品やサービスを利用するシナリオを描いて、実際に演技をしてビデオを撮る。さらに、必要であれば詳細な動かし方まで決めたプロトタイプをつくる。

ビデオでプロトタイプをつくるといっても、実際に映像作品をつくるときのプロセスとそれほど異なるわけではない。まず撮影に入る前の下準備（プリプロダクション）がとても大事だ。特にその中でも、絵コンテがきちんと組み立てられているかどうかが、映像の骨格をつくる上でとても重要になる。絵コンテでストーリーがどのように流れていくか、どのように撮影するかが決まる。絵コンテは、プロトタイプをつくるときと同様に、時間をかけすぎないでパッとつくることが必要だ。シナリオの絵コンテをつくるときに重要なことは、頭の中で必ず、そのプロダクトがどのように使われるかをイメージしながら描いていくことである。最初まだ慣れていないときは、簡単な流れを描いておいて、それをシーンとして描いていくようなやり方をする。

絵コンテシート

シートの左側に場面の簡略な絵、右側にはどういうふうに撮影するのか、どういうシーンなのかという説明を書いていく。この絵はチームの人たちが共有できるくらいの雑なものでかまわない。全体の時間配分をメモ程度に書いておく。

操作の部分、インタラクションの部分に関しては、撮影をするなかでいろいろな発見をして、少しずつ変わっていく可能性があるのでラフに書いておいて、あとは撮影をしながら、役者たちとコミュニケーションをとりながら直していく。

どのように撮影するかという撮影の技法は、専門用語でシネマトグラフィというが、その撮影の技法とつくられるもののデザインが結構密接に関係している。たとえば、プロダクトや操作の方法をはっきり見せたい場合には、クローズアップして大きくプロダクトやサービスを映す。それよりもシナリオや周りのコミュニケーションを描きたいときには、引きの映像をロングショットで映すという具合に技法を使い分ける。そのよう

絵コンテシートの例。

な映像のカメラ割りなどが、一つ一つ中の説明と対応しているようにする。コンセプトを説明するための映像は、三分間から五分が適当だ。三分の映像なら四、五分くらいで、絵コンテを描く。

ロケハン撮影

実際にどこに撮影に行くかというロケーションハンティングも重要だ。撮影は、どのような顧客を想定しているのか、どのような場所で使われるのか、どのような時間帯に使われるのかという、プロダクトやサービスのコンテキストをきちんと踏まえた場所に行くべきだ。

たとえば、iPodのようなプロダクトやサービスのデザインをするためのシナリオをつくろうとしたときに、会議室で撮影しているのと、街の中で撮影しているのとでは、デザイナーや観ている人に与える印象は全然違うはずだ。自分たちがいったいどのようなプロダクトやサービスをつくろうとしているのか、誰に向けたプロダクトやサービスをつくろうとしているのかということに合った場所を選ぶことが重要なのだ。

実際にその場所に行って、ペルソナにプロトタイプを持たせながら撮影をすると、いろいろ発見することがある。たとえば、電車の中で撮影をしていると、実は電車が「揺れる」ということに気がついたり、天気の良い日に電車の中に差し込んでくる光は意外と明るいことに気がついたりする。そうすると、当然そういう事象を考慮して、デザインも変える必要がある。それは実際に撮影をおこなう場所に行ってみて気づくことだ。

キャスティング

誰がペルソナを演じるかというキャスティングも重要だ。当然、想定しているペルソナのイメージに近い人をキャスティングする。お年寄りとコミュニケーションをするプロダクトやサービスだったら、お年寄りにお願いするのがいいし、若い女性が使うことを想定しているものなら、若い女性をキャスティングする。誰かに役者を依頼しようとすると、コンセプトを相手にきちんと理解させることが必要になるので、コンセプトを固めるよい機会にもなる。また役者にその場でデモを持たせて、その気にさせて演じさせることは、意外と重要なプロセスだ。

ペルソナになりきって演じてもらうと、プロダクトやサービスの使い方の細かい点がよく見えてくる。絵コンテではラフに描いておけばいいと言っていた操作の方法やインタラクションの部分について、ペルソナの役者にプロトタイプを持たせて撮影をしながら、本当にどういう使い方ができるのかを確認しながらデザインをおこなうのだ。

未来のシナリオを描いているので、撮影の際にはときどき、どうしても実際にプロトタイプをつくるのが難しいという場合もある。そういうときは、やむをえず合成手法を使うこともある。その場合には、実際に技術情報の調査をおこない、数年後にはシナリオに描かれていることが可能になるのだという、コンセプトの裏付けをもっておくことが望ましい。

編　集

最後におこなうのが編集である。つくっているのはコンセプトをうまく提示するための映像なので、あまり頻繁に画面が切り替わりすぎるのはよくない。一つのシーンに三秒くらいが適当だろう。先に提示したシナリオの要件を、この映像がきちんと満たしているかどうかということを確認しながら編集をおこなう。必要があれば、システムの動きをアニメーションや字幕で説明するのもいい。音楽を使うときには、著作権フリーの音楽を使うようにする。

以上が、コンセプトを確実に実現するためのプロトタイプのプラクティスのすべてである。この作業をできるだけ早くおこなう。私の大学では合宿をして丸一日でこの三つの作業をおこなうこともある。また実際に企業のコンサルティングにおいても、二日で終えてしまう。

ワーキングプロトタイプ

ダーティプロトタイプは、おもに大きさや構造、デザインのポイントなどを検証するものだが、実際のインタラクションを検証するためにつくるものは、ワーキングプロトタイプと呼ぶ。ダーティプロトタイプなどで検証し、採用した機能・構造を含めて形にするのだ。その際、色合いや質感、重さなど、視覚的、感覚的にとらえられるすべての機能を盛り込むことが重要だ。ダーティプロトタイプと異なり、見た目の仕上がりが求められる。

企業がプロダクトを商品化する際には、ワーキングプロトタイプからのフィードバックを得て、さらにデザインを修正する。だが、この段階で初めてプロトタイプをつくって評価するのでは遅いのである。たとえば自動車業界では繊細で豪華なクレイ（粘土）でプロトタイプをつくっていた伝統がある。しかし、プロトタイプ作成の手間と費用は膨大であり、またできたプロトタイプも動かないので、飾っておくだけでインタラクションを検証することもできない。トヨタはCADで簡単な形をつくってからクレイモデルをコンピュータのアウトプットとしてつくり、それに人間が改良を加えるという方法で作業をおこない、開発期間を大幅に短縮したと言われている。

ダーティプロトタイプでコンセプトの有効性が証明できたなら、すぐさまワーキングプロトタイプの作成に向かわなくてはいけない。私がIDEOのオフィスを訪問したときに驚いたことは、観察や議論、そしてコンセプトの視覚化によるプレゼンテーションに加えて、子供の工作のような単純なプロトタイプ（これがダーティプロトタイプと後に知る）から、かなり完成度の高いプロトタイプまでが、スタジオに溢れていたことだ。繊細で洗練されたデザイン事務所の裏には広い場所があり、工作機器がずらっと並んでいた。そして案内してくれたティムは、これは非常に高価な投資だがIDEOの活動には不可欠なのだ、と説明してくれた。紙で企画をつくり承認されてから予算をとり、高価なプロトタイプを発注する、という作業とはまるで違うのだ。

ダーティプロトタイプならいざ知らず、ワーキングプロトタイプをつくって考えるというしくみは、従来は実はそんなに安いものではなかった。当時のIDEOのプロトタイプ工場の費用はかなりのものだったはずだ。インタラクションを検証するとなると、それなりの工作機械が必要となり、多額の投資が必要となる。ものづくりと簡単にいうが、工作機械の導入はなかなかハードルが高いのである。

ところが、ワーキングプロトタイプづくりにも大きな変化が訪れている。巨大なメインフレーム・コンピュータがパーソナル・コンピュータに置き換わっていったように、コンピュータ制御の工作機械の価格が、ここ一〇年下がり続けているのだ。プロトタイプをつくりながら考えるという作業を、簡単におこなうことができる環境が登場している。パーソナル・コンピュータという言い方にあわせて「パーソナル・ファブリケーション」と呼ぶこともある。

MITビット・アンド・アトムズ・センター所長のニール・ガーシェンフェルドが二〇〇五年に出した『ものづくり革命』★という本で述べているように、MITでもプロダクトやサービスをつくるということが簡単におこなわれるようになって、いろいろと装置をそろえ始めている。「プロトタイプをつくって考える」「削って考える」プロダクトやサービスづくりの基本を、デジタルの感覚をもちながら取り戻そうということを、様々なところが始めているのだ。

八〇年代から九〇年代までの情報技術のフロンティアを引っ張ってきたMITメディ

★『ものづくり革命――パーソナル・ファブリケーションの夜明け』、糸川洋訳、ソフトバンククリエイティブ、二〇〇六年アラボの所長ネグロポンテが辞任し、先進技術を芸術的コンセプトでデモ（実証）をしていたメディアラボの方針が大きく変わっている。新たにMITメディアラボの所長に任命されたフランク・モスは、技術革新が生まれる可能性は、企業の役員室や起業家のガレージより、家庭のリビングルームからのほうが高くなると話している。とりわけ、「これまで新技術の受け手だった消費者のほうから革新が生まれるようになる」とモスは述べた。

モスは大学でのファイル共有やオープンソースソフトウェアの発展、ボストン近郊の高齢者が集まるシニアネットワークなど、共通の関心をもつオンラインコミュニティの誕生にも言及した。そして、「今は、メディアと技術の融合により、デジタルなライフスタイルが本当の主流になっている。これが、市場へのアイデアの流れを変えていくことになるだろう」と語った。

参加者はアイデアを「デモ」するだけではなく、実際にアイデアをもとにプロトタイプをつくり、そのプロトタイプによって社会に影響を与えていくべきだとも語った。「これまでは〝デモがすべて〟だったが、今後は〝プロトタイプに命を賭ける〟ようにする」とモス新所長は語った。いまMITメディアラボの研究所の中には「工場」ができている。

コンピュータが安くなり、制御機械も安くなったためにパーソナル・ファブリケーションが可能になった。プロダクトやサービスをつくるときに、デジタル化された加工・工作機械を使って考えるようになった。従来は電子工作には欠かせない道具だったハンダごてを使わなくてもプロダクトやサービスがつくれるようになり、プロダクトやサービスづくりから、急速に身体性が失われていったような気がする。しかし、ＭＩＴが「デモからプロトへ」と宣言をしたのが象徴的だが、プロトタイプを安く簡単につくることができるようになり、再びプロダクトやサービスづくりの現場では身体性を取り戻しつつあるのである。

たとえば、自分で設計して基板を彫る機械が一五〇万円くらい、普通にプロトタイプをつくるのに利用できる型を削り出す機械も一〇〇万円くらいでそろってしまう。ソフトウェアも実にいろいろなものが二、三〇万円で購入できる。工場設備は非常に高いものだという意識があるが、実はそれほどでもないのだ。そのおかげで、我々はプロトタイプをつくる現場を自分たちの手元に置き、「プロダクトやサービスをつくって考える」ということができるようになった。大学の研究室では学生たちには「ハンダごてと旋盤で哲学しろ」と言っている。これが非常に効果的である。

ちなみに私の研究室のプロトタイプ環境を紹介すると、粘土と段ボールといったダーティプロトタイプ用の素材のほかに、加工をするための道具、電子基板をつくるための環境、電子工作をするための環境をそろえている。

加工をするための道具としては、数値制御できる小型掘削機《くっさくき》がある。昔は数値制御する掘削機は大型で高価であったが、現在は安価で卓上サイズの製品がある。当初はロボットやプラモデルなどを自作する愛好家向けとして登場した。ローランド社のモデラ・シリーズが有名である。

CADソフトや3Dモデリングソフトで形状を定義して、それを機器に送ることで加工をおこなうことができる。この機器を使って研究室では比較的精密なガジェットをつくってきた。精巧につくることができるので、複雑なインタラクションをおこなうプロトタイプが製作できる。また数値制御することができるので、非常に美しい曲線を使ったプロトタイプをつくることができる。また3Dプリンターと呼ばれる光造型機があり、これも価格が急速に下落してきている。少し前までは数千万円していたものがいまでは数百万まで価格が落ちてきている。

プロトタイプづくりはなにも形にかぎったことではない。電子工作もおこなう。マイコンの制御から基板の自作、無線通信まで自作してしまう。この感覚は非常に面白い。パーソナル・コンピュータが登場して、コンピュータが個人のものになった。そのときと同じような感覚がある。プロトタイプをつくる環境が、大きな投資と専門家を必要とする時代から、個人がつくれる、パーソナル・ファブリケーションの時代へと大きく変わってきたのである。プロトタイプをつくりながら考えるということが、パソコンが登場してきて簡単にコンピューティングができるようになったと同様に、我々が簡単にパーソナル・ファブリケーションができる時代になってきているのだ。

手を動かしていると同時に頭が活性化してくる。手で考えているのである。哲学的にいうとエンボディメント（embodiment）ということだが、楽器でもゴルフクラブでも同じで、身体の延長になっているときに、いろいろなことを思いつくのである。顧客の調査をとおして経験を拡大したデザイナーが、プロトタイプをつくりながらさらに考えていく。

大手メーカーは、ものづくりの人材を育成する「塾」や「道場」に力を入れている。パナソニックの「ものづくり大学校」、マツダの「卓越技能道場」、「シチズン平和時計学校」などである。これらは大量定年を控えた団塊世代の高度な技能やノウハウを伝承するといった意味合いもあり、技術のレベルは非常に高い。しかし本章でプロトタイプ思考と言っているときのプロダクトやサービスづくりにおいては、技術はもっと初歩的なレベルのものでかまわない。つくって考える、考えながらつくることが重要なのだ。

高度な技の伝承も必要だろうが、身体を使って考える方法こそが大切なのである。

第6章

コラボレーション
――創造のプラクティス3

「創造の方法」を実行するために必要なプラクティス、すなわち実践的能力の最後は、コラボレーション能力である。従来、組織のマネジメントは作業プロセスの管理が中心であり、組織のメンバー個人個人の資質のトレーニングについては、あまり意識されてこなかった。だが、創造的な組織、つまりは新しいことに挑戦したり新しい商品やサービスを生み出したりする組織をマネジメントするには、プロセスの管理だけでは十分ではない。

創造的な組織をマネジメントするプラクティスとは、共同で作業をする手順を決めることではなくて、共同で作業をする時間をつくりだすことに他ならない。ある一定時間以上、共同でお互いのリズムを確認しながら作業をすることで、コラボレーションが可能になる。したがって、コラボレーションのプラクティスとは時間の演出能力なのである。

生産性の観点からいえば、組織のマネジメントとは、すなわち失敗を減らすことである。その場合、現状のしくみを改善する方向に向かうのが基本である。したがって、コラボレーションといった場合、共同で改善提案を出す、といった作業が中心になる。ところが、創造性を重視する組織をマネジメントするときには、イノベーション、すなわち新しいアイデアを生み出すことが目的となる。ここにおいて、共同でイノベーションのアイデアを出すことがコラボレーションのプラクティスだと勘違いすることが多い。何人か集まってのブレインストーミングは、プロトタイプをつくるためのプラクティスであって、コラボレーションのプラクティスではないのだ。

第5章でも言及した西堀榮三郎は、新商品を開発するには社内に影響を及ぼすイノベーションの活動をすべて見渡せる組織が必要なのであって、それさえ確保して市場のニーズやウォンツを理解すれば、「切羽つまって」発明はできるのだ、と述べている。

一人の人間がこのプロセスをひとりで実行できるわけではない。商品のデザインを考える人間とメカニズムを考える人間、さらには製造のしくみを構築する人間がお互いにコラボレーションをおこなわないと、上記のプロセスを実行することはできない。西堀はこれを創造性開発と環境という表現で述べている。従来の議論は創造の能力を発揮する立場、つまりは人間を重要視しているが、本当に大切なのは環境ではないか、というわけである。彼の表現を借りると、「創造性開発というものは、ほかの人がそれを無理に引っ張っていって開発にもっていく、という強制的なものではない。それよりか、もともと誰でも持っている創造性の種とでもいう、素養とか能力とかいうものを、引き出すことなのです。引き出すといっても、いままでそれを妨げていたものを取り除くということで、やや消極的ではありますけれども、そのほうが本質のように思えるのです」★ということである。

また、創造性開発のなかで忘れられているのは切迫感だとも述べる。いろいろな知識や条件がそろっていても、「これは何とかしなければいかん」という切迫感をもつことが、創造性においては必要だと述べる。

この考え方を現代的に言うと、宮田秀明が紹介しているR&D&D&Dという考え方になる。領域を横断してグループをつくり、グループ内で会社としての哲学／ビジョンを共有する。これが創造的な環境を構築するために不可欠な作業である。だが集めただ

★西堀榮三郎『石橋を叩けば渡れない』生産性出版、一九九九年（新版）、一七四ページ

けではだめなのだ。共有のための時間をとることが、プロジェクトを成功させるために必要である。

こうした体制で新商品開発をおこなう活動は、世の中を変えてしまうような技術革新や大発明をベースにしたマクロイノベーションではない。「顧客の経験を豊かにする」ところに焦点を当てて商品やサービスをつくる、デザイン・オリエンテッドなイノベーションだ。iPodに見られるように、一見したところ小さなイノベーションである。社会における問題点を発見して、それを解決するための何かを発明する。その発明から商品へという流れが、マイクロイノベーションである。

大企業ではいまだに、大発見をしてそれによって大きなビジネスを構築しようとしている。西堀がラングミア式と呼ぶ方法だ。アーヴィング・ラングミアはノーベル賞を受賞した科学者であり、GEにも関係していた。彼は新しい知識が生まれてきた、これを何かに使おうという態度である。これはマクロイノベーションと呼んでいい。西堀はこの方式とトーマス・エジソン式を明確に分けなくてはならないと述べている。エジソンは要求が先にあって知識がそれに追従していく形の発明、つまりマイクロイノベーションをおこなっていた。

ラングミア式は、ひとたび発明が成立すれば大特許が獲得できる。だが、そうした発明はそうざらにあるわけではない。一方、エジソンのほうは要求が明らかなだけ、成功の確率が高い。「必要は発明の母」というわけである。本書で議論しているイノベーションはエジソン式の発明のことである。

エジソンは、「一〇日に一つの発明を、六カ月に一度は大きな発明を」というペースで、生涯になんと二〇〇〇を超える発明をしたという。決して大がかりな発明や発見ばかりではなく、小さなイノベーションを組み合わせる形で様々な発明をおこなった。エジソンの発明はマイクロイノベーションの代表例だし、iPodもマイクロイノベーションだ。マイクロイノベーションを四つ五つ六つ合わせて、大きな市場価値をもつ商品をつくりだしていくのがデザイン戦略である。この方法については、第7章で詳しく説明する。

これからはマイクロイノベーションの時代である。このことは企業における中央研究所体制主導の時代の終わりといっていい。一九世紀後半から二〇世紀の科学というのは、一発当てて大儲け的なイノベーションであり、それを支えていたのが中央研究所だった。しかし、もっと細かく、小さいイノベーションをたくさん生むという方向が、これからは大切になるだろう。

3Mは、このような小さなイノベーションを会社の経営の根本に据えている。この会社には見習うことがたくさんある。研究開発拠点は世界二九カ国にあり、そこでは七〇〇〇人以上の研究者が研究活動に取り組んでいるという（二〇〇七年当時）。一九九九年より「共生とスピード」をキーワードに、研究体制を従来の重層体制から、イノベーションの可能性をより現場に近い形で多角的に開発できる並行体制へと再編成した。研究の領域を「未来技術」「独創技術」「新製品」という三つの領域に分類しているが、特に興味深いのは、「独創技術」を手がけるテクノロジーセンター群だ。ここでは、既存製品のカテゴリーに入らない、あるいは従業員が開発のアイデアをもちながらもスポンサーが見つからないようなプロジェクトを手がけており、公式な研究や事業領域のすき間に落ち込んだアイデアの吸い上げ、以前に失敗したアイデアの保存や再吟味などもおこなっているという。ここが面白いところだ。それは、研究シードをいきなり市場にもっていくという乱暴な話ではない。これを活かすには、イノベーションや創造性を生み出すような組織運営が必要になるのだ。

　エジソン型のイノベーションを演出するには、いくつかの方法がある。一つはイノベーションセンターをつくる方法である。たとえば、トヨタ自動車は事業部ごとに、車種ごとのデザインが全部抱えこまれて、効率性とコストの縛《しば》りから抜け出せなくなってしまった。そこで、デザインセンターを東京とカリフォルニアとフランスにつくった。そこにデザイナーを出向させて、新しい視点から車をつくる試みをおこなった。事業部と違うラインで車をつくるということである。

このように、イノベーションをおこなう場所を本体と切り離して構築するというのも一つの方法だろう。だが、いまイノベーションを議論するときにもっとも大切なことは、創造的なモノづくりを継続的に可能にする組織を、どのようにつくっていくかであって、イノベーションの成果をいかに利用するかではない。変わるべきは本体なのだ。デザインセンター戦略とは違った方法が必要である。

現状の組織構造のまま、新しいパラダイムである創造性の評価をおこなうことは難しい。新しい組織文化が必要とされるが、多くの会社はイノベーションのリスクを恐れている。これは九〇年代の競争戦略の悪い影響である。商品化の意味を取り違え、商品やサービスが売れるか売れないかを決めてから売りに出すというのは、イノベーションでも何でもない。新しいアイデアに予算をつけるということが、組織の中でできていない。事業部の独立採算制が、新しい研究体制も商品開発の可能性も奪っているのだ。

こうした体制は日本だけの問題ではなく、アメリカの大会社においても同じであった。この体質を改善するために、GEは八〇の商品やサービスのイノベーション・プロジェクトに全部予算をつけて実行した。商品化されたときの評価は、イノベーションと社内コラボレーションをもとにおこなう。商品が売れたときのマーケットシェアの大きさ、右肩上がりの保証でないところが大切である。結局のところ、マーケットに出してみないと売れるか売れないかはわからない。だからいろいろと試みることが大切なのだ。

第1章でも紹介したP&Gの事例は、エジソン型イノベーションの効果を示すモデルケースとして有名である。昔からあるリノリウムの床用のモップを水に浸して床をきれいにすると、汚い水が出るのでどんどん汚くなって、ずっと掃除をしていてもきれいにならない。だがそこで、あえてイノベーションを試みる人間はP&Gの中にはいなかった。従来のモップがそこそこ売れていたからだ。

P&Gは、会社の戦略としてイノベーションを推進し、新しい市場を開拓する実験を進めていく中で、この市場に可能性がありそうだと着目し、デザイン・コンティニアムのジャンフランコ・ザッカイにコンサルティングを依頼した(序章と第2章で紹介したデザインクエストにザッカイも招聘した)。彼は高度な機能をもつ機器のデザインが得意で、利用機器の分野でかなりの仕事をしていた。したがって、彼がP&Gのためにデザインしたプロダクトを見ると、あまりに簡単なしくみなので意外な感じがした。デザイン・コンティニアムでは、リノリウムの床が必ずきれいになるモップをつくるにはどうしたらいいかについて、いろいろ調査をした結果、静電気を使って床を掃除するモップをデザインした。「スウィッファー」と命名されたこの商品は大ヒットして、売上は大きく伸びた。

この商品は数々の賞をとったのだが、日本のデザイナーたちは、自分たちだってこんな商品はつくることができる、どこが新しいのだといった反応を示した。しかし、実はこれが新しいのは製品のデザインではなく、P&Gという巨大な企業が従来の枠組みを変えてこの商品をつくることができる組織をつくり、この商品を販売して新しいマーケットをつくることができる人材を育てたということである。ザッカイがデザインしたのはプロダクトではなくて、このプロダクトを生みだす組織だったのである。

創造的な商品をつくるには、独創的なアイデアがあるだけではだめである。アイデアを実現するコンセプトが決まっても、そうした商品をつくるためには新しい材料を使うのであれば、仕入れ先も変わるし、工場のラインも変えなければいけない。物流のラインも考え直さなければいけないだろうし、組織も変えていかなければいけない。ユーザーの視点に立って新しい商品やサービスをつくろうと思うと、非常に大きな全社的な取り組みにしなければいけない。

西堀の言葉を再び借りよう。「新製品開発に成功した企業の多くは、相当広い範囲に権限を駆使できる人間がそれを行ったか、あるいはその新製品開発担当者に社長と同等の権限を与えている。私は新製品の発明は、大会社では望めないようになってきたと感じており、むしろ、町工場のような小企業のほうがうまく行くものと考えている」★果たして、P&Gでは外部のデザイン・コンサルティング会社にこのような大きな権限を与えて、社内のリソースを活用したイノベーションを試みたのである。

モノづくりは、「世の中が必要としているかどうか」を基本におくべきである。人間にとってつくりだした商品がどのような意味をもつかどうかが、非常に大事になってくる。哲学からビジョンへ、そこからコンセプトへ、そこで再び哲学が問われる。そしてモデルにする段階では、テクノロジーの問題が大事になる。

確実に「動く商品やサービス」は、イノベーションとはほど遠いことが多い。社会が必要としていることがわかれば、コンセプトをもとに「動かないかもしれないデモ」をつくることも重要だ。世の中に当然あってもよいのに、ない商品やサービスをつくるわけである。そのときに、もしデモから商品にする技術力がなければ、そのこと自体を「開発の目的」にすべきだ。このような社会科学的な視点を商品やサービスづくりにも ちこんでいくことが重要なのだ。

技術の棚卸しと問題のマッチング

研究部門からは「技術の棚卸し」をおこない、「自慢できる技術」「使いたい技術」をリストアップする。一方で、営業部門からは「営業ニーズの洗い出し」をおこない、「困った問題」「顧客の声」を洗い出す。その上で、たとえば技術サイドからの「こういった技術がある」、営業サイドからの「こういう商品やサービスが欲しい」といった、いろいろな声を合わせてマッチングをおこなう。その中でチームがそれぞれ経験を拡大し、コンセプトを立案する。それらをひとつにまとめて、十分皆の経験が拡大した段階で、具体的にイノベーションのプロジェクトを発見していく。

前の章で説明したように、新しいコンセプトで納得のいくものを、段ボールレベルのダーティプロトタイプでよいので、たとえば一〇個つくる。うまくいけば、その一〇個が集まってメタ商品となるようなものをつくることができると面白い。研究者自身では気がつかない技術の価値を、営業や企画開発の人間が見つけることができる。

★『西堀流新製品開発――忍術でもええで』、一〇三ページ

チームで考えながら戦略を練る

この段階で、三つめのプラクティスであるコラボレーション能力が重要となる。異なる分野から人を集めてコラボレーションを効果的におこない、「創発」★をうながすプラクティスを身につける必要があるのだ。チームで考える、チームでおこなう能力が必要なのである。

コラボレーションは、一般に考えられているような「知識の共有」ではない。つまり知識マネジメントではないのである。時間や経験を共有すると、なぜか知識も共有されて「創発」現象が起こり、新しい商品やサービスが生まれる可能性が大きい。異なる背景をもち、異なる考え方をもつ人間が集まるということだけでも、チームを形成するということはとても価値のあることなのだ。

従来の企業組織では、各部門に分かれている人たちは、時間も経験も知識も共有していない。しかし、別々のバックグラウンドをもっている人たちがそれぞれの経験をもちよれば、何かが生まれる瞬間というのは必ずある。その瞬間を演出して、「創発」を生み出し、すぐ実行できるプロジェクトをいくつかつくっていけると面白い。

モノづくりを始めるときには、最初に異なる分野の人たちでチームを形成して作業を進める。チームを形成してから、フィールドワークをおこなって経験を拡大し、プロトタイプ思考で商品やサービスをつくりながら考えて、コンセプトの形成、デザインと進めていく。ここまでの作業もチームでのコラボレーションが必要とされたが、ここからは、さらにチームで商品化に向けての戦略を立てて進めていくことが必要になってくる。

創発が起こるときのコラボレーションをどう演出するか、そのための場所をどうつくっていくか、リーダーをどう育てるか、というのが次のステップである。それができるようになれば、リーダーが次の人材を育て、新しいイノベーションの遺伝子が生まれていく。

さて、ここまでの話をすると、原則はそのとおりだが実際に実行できないではないか、という話が多い。だが、いままで説明してきた「創造の方法」を利用することで、コラボレーション問題をマネジメントすることができるのである。

「創造の方法」は哲学↓ビジョン↓フィールドワーク↓コンセプト↓デザイン↓実証↓ビジネスモデル構築↓オペレーションと流れるわけであるが、これを二四四頁の図のよ

★創発　部分が組織化することによって、部分の単純な総和にとどまらない性質が発生すること。

うに三つの層に分けることもできる。実際に社会に直面しているのが哲学、ビジョン、オペレーションの層である。実際にデザインしたりしくみを考えたりするのが、コンセプトとビジネスモデルの層である。そして具体的に手を下して商品やサービスをつくるのが、デザインと実証の層である。

イノベーションを実行するときに日本の会社ではどのように意思決定をしているか、あるいはもっと直截《ちょくせつ》に言うと、意思決定ができていないかを見てみよう。第一の層でおこることは、哲学をもっている意思決定者が、技術やビジネスモデルを検証しないままイノベーション的商品を市場に出す事例だ。第二層でおこることは、ビジョン、コンセプト、デザインは十分イノベーションを実現しているのだが、それを実行するビジネスモデルが社内のリソースを無視している場合である。多くの会社の新規事業企画は、この層の中だけで活動している。こうした事態をさけるために、第1章で述べたマイケル・ポーターの競争戦略が採用される。競争戦略を駆使して分析し意思決定をおこなうと、リスクは軽減するが、結果として、イノベーションが実現されることはない。

コラボレーションの視点から見ると、「創造の方法」は三つの層に分かれている活動を突き通して進めるものである。哲学からビジョンへと作業を進めるときには、市場に出かけていって経験を拡大すると同時に、技術の棚卸し作業を通じて技術への知見を深める。このような作業をおこなうことによって、営業の現場や技術の現場を知らない人が商品の哲学やビジョンをつくることを防止する。コンセプトをつくったあとに、形のデザインやシステムの設計をおこなう。日本の通常の会社組織では研究と開発が分かれているので、ここで商品開発の流れが断絶してしまう。

「創造の方法」においてコラボレーションをおこなうためには、従来の商品開発の層である第二層にくわえて、第一層と第三層をくわえ、さらにそれぞれの層を横断していく活動を演出する必要があるのである。

第一の層が、市場をにらんで多くの側面からコラボレーションをおこなう作業であり、これをトータルデザインと呼ぶことにしよう。第三の層はエンジニアとデザイナーのコラボレーションであり、ここをダイナミックデザインと呼びたい。この三層構造をもとに縦方向に開発プロセスを実行することで、商品開発の通常の層である第二層における商品のコンセプトを考える人と、商品のビジネスモデルを考える人の間で、コラボレーションがおこなわれないという事態を解決することができる。ここはソリューションと呼ばれる部分であり、この部分のイノベーションが、経営戦略の視点からはもっとも重要になる。この問題については第7章で議論したい。

技術の人間だけで開発をおこなっていると、市場とは無縁に開発がおこなわれてしま

創造の方法の三層構造

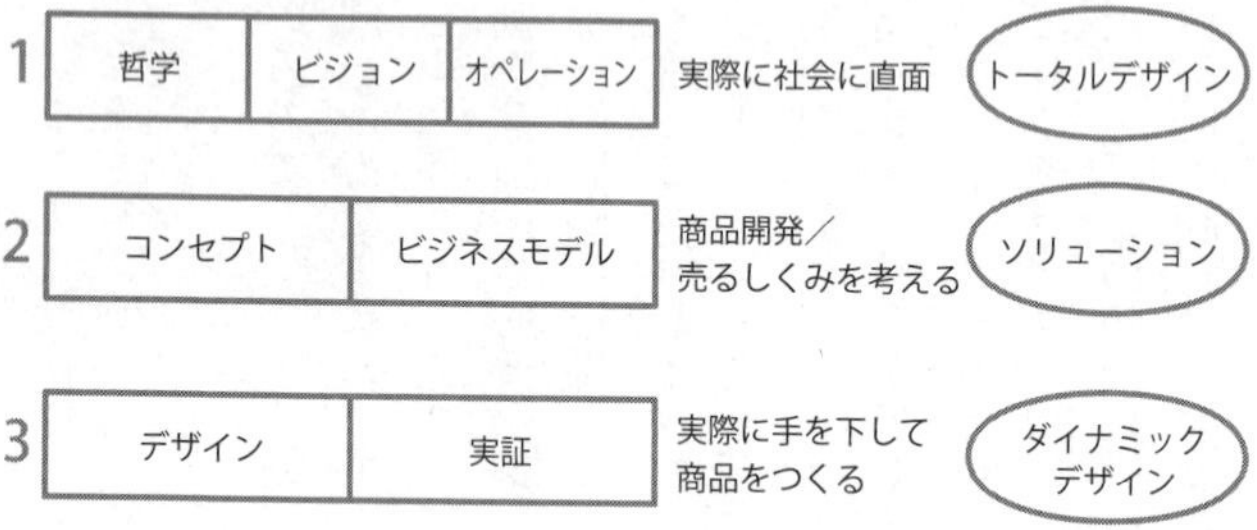

い、ビジネスモデルを構築することができない。一方、手堅いビジネスモデルを採用すると、結局はコンセプトに切れ味がないために市場に投入しても新鮮みがない。こうした悪循環を断ち切るためにも、創造のためのコラボレーションには、トータルデザインとダイナミックデザインを意識して、時間と場所のマネジメントを適切におこなう作業が必要となるのだ。

トータルデザイン

トータルデザインとは、マーケットに出した段階で、その商品がどういう意味をもつのかを考えることを含む。トータルデザインは、顧客が何を必要としているのかを社会科学的な視点から調査し、問題点を明らかにして、それを解決する斬新なコンセプトを考え、形にするデザインである。トータルという言葉のとおり、つくる商品やサービスに関わることすべてを自分たちで考えてデザインする。形はどうか、どう使うものなのか、誰が使うのか、素材はどうするのか、色はどうか、どんな技術があるのか、社会にどう影響するのか、先行している研究は何があるのか、どうしたら魅力を伝えられるのか、デモはどうあるべきか、ありとあらゆることを考える。自分たちですべてをつくり、考えたコンセプトを形にして、人びとに経験してもらうことに責任をもつのが、トータルデザインの考え方だ。

ダイナミックデザイン

コンセプトがしっかりとできても、もし本当に商品にしようと思ったら、高度な技術力が必要となる。ダイナミックデザインとは、静的・動的両方の側面から綿密に分析設計して、適切に動くようにデザインすることであり、高度な技術と形の美しさが同時に要求される領域だ。家具や食器や文具など動かないものであれば、図面を引いて物理的法則にしたがってデザインすればいい。しかし、飛行機や自動車、コンピュータのソフトウェアなどのデザインにおいては、人の操作とその対応といった動的な側面を考慮しなければならない。

たとえば、Ｆ１とかアメリカズカップで優勝するためには、良いアイデアやデザインだけではだめで、非常に高度な技術力が必要とされる。実際のＦ１やアメリカズカップで勝つために必要になる技術力は非常に高い。この技術は開発での技術力であり、研究と開発が結びつき、それにデモンストレーション作成能力が組み合わさったものである。技術の問題はこのレベルまで下りて徹底的におこなうべきだというのが、ダイナミックデザインのコンセプトである。このダイナミックデザインは、自動車とか航空機の開発においては明確に意識される。しかし、我々の日常生活に近いところの商品開発においては、あまり意識されていない。

R&D&D&Dという開発の流れを考えたときに、Development（開発）とDemonstration（実証）、つまり、内側のD&Dがダイナミックデザインのコアである。開発とデモンストレーションのための技術は非常に大切で、技術と形とが分かちがたく結びついている。

研究から市場への流れにはパワーがないといけないが、そのパワーとは、デモをつくる力である。デモにはコンセプトを確かめるデモと、実際の商品やサービスを検討するものの二種類がある。F1やアメリカズカップを可能にしているような技術の水準で、デモをしっかりとつくることができるかどうかが非常に大切になる。宇宙開発なども、そこの技術を強化するためには非常に大切になっていくと思う。

R&D&D&Dの、内側の「D&D」のコアが弱かったら何にもならない。開発と製造がしっかりとコラボレーションをして、デモをつくっていく作業を確実におこなうことが大切になる。外部に頼むと、仰々しいデザインと、たいしたことのないテクノロジーで大変苦労をする。D&Dを企業内でできることは非常に大事だ。研究、開発、デザイン、設計の各部門は、つねに製造の部門とのコラボレーションが必要なのである。

極限デザイン

技術の問題が社会システムを根本から変えていく瞬間を研究者や技術者が経験できると、トータルデザインとダイナミックデザインがシナジー（相乗効果）を起こす。そのようなわかりやすいプロジェクトとして、「極限デザイン」という考え方を紹介したい。極限状況において使用されるプロダクトをデザインするとなると、デザイン戦略で明確になったコンセプトを実現するための技術力、つまりはダイナミックデザインのクオリティがいきなり検証される。逃げ場がないので、極限デザインには学ぶべきことがたくさんある。

たとえば、医療機器メーカーの日本光電《にほんこうでん》は、病院の手術室で使われる様々な医療機器をつくっているメーカーだ。彼らは、手術室内の通信を赤外線でおこなうことで、手術室という極限状況におけるデザインソリューションを見つけた。それがそのままNASAに評価されて、スペースシャトルの屋内通信機器として採用された。極限デザインにもマーケットがあるのだ。

宮田秀明は『仕事のやり方間違えてます』の中で、極限デザインを次のように説明している。アメリカズカップでは、勝つことが最後の「普及」になるわけだし、F1も勝つことがポイントになる。勝ち負けということの評価の中で学んでいく。ヨットもレースも手術室もトータルデザインの側面が明確にある。だが、D&Dにおける技術力がないと議論にならない。それが極限デザインの領域だ。

実は極限デザインには、細かなところで面白いテーマがたくさんある。次世代の手術室などは極限デザインだ。救急車も面白い。この問題を、たとえば介護などの問題に適応すると、様々なアイデアが生まれてくる。宇宙服をどうやってつくるのかもいい題材である。極限デザインはソリューションに課される条件が厳しいため、ソリューションをデザインするときに比較的容易にイノベーションをおこなうことができる。一見難しいように思えるが、極限デザインのほうが問題は簡単なのだ。日常世界においても極限デザインのようにトータルデザインとダイナミックデザインが融合した商品開発をおこなうための手法が、「創造の方法」である。

クリエイティブな組織のつくり方

新しい経営戦略を推進していくには、新しい組織文化を必要とする。第1章で説明したように、マーケットにおけるパラダイムが変化したいま、従来型のマネジメントは意味をなさなくなってきてしまった。イノベーションに必要なのは、革新的なプロダクト、サービスのアイデアを生み出すこと、短期間で確実にアウトプットをつくりだすこと、どんどんと商品をマーケットに投入してユーザーに問いかけることである。そのためには、従来とは違った新しい組織、文化が必要になる。

ものが売れるか売れないかを決めてから売りに出すというのは、イノベーションでも何でもない。新しいアイデアに予算をつけなくてはいけないのだ。ある会社で、企業内ベンチャーのアイデアを募集してセレクトするときに、失敗しないかどうかをポイントにセレクトしていたという笑い話がある。新しい挑戦が失敗するのは当たり前だ。しかし、一〇〇個のうちの一個でも当たれば大きく変わる。そのリスクをとる体制が会社の中にあるかどうかが重要なのだ。

GEは八〇ものプロジェクトに全部予算をつけて実行させ、成功している。日本の大企業ではなかなかこういうことができない。それは、意思決定のメカニズムに根本的な問題があるからである。先に紹介したマイケル・ポーターの『競争の戦略』では、「できること」「できるかもしれないこと」「できないこと」に分け、できることにだけ注力して資源を集中することが重要だとしている。できないことはしない。できることをやり、それで成果が出ると、また次のできることをする。その結果、できないことがたくさん残ってしまう。このような事態を打開するために、GEのCEOのイメルトは、「できないことをできることにする」を経営戦略にした。「できないことをできることにする」としたときに、実際に実現できるのは、一〇〇のうちの一つくらいである。そこで、イメルトは八〇のプロジェクトを始めたのである。

経験を拡大して人材を育成し、その人材を使ってモノづくりを覚えさせ、モノづくりができたら、様々な分野と組んでビジネスをおこなうための場所をつくる。この一連の流れがモノづくりのしくみである。モノづくりのための基本戦略を立て、何か新しいモノをつくっていく。そして、モノをつくるプラクティスを会社の社風、カルチャーにしていければ面白い。その基本は、R&D&D&Dに所属するメンバーを集めてコラボレーションをおこなうことである。

上記の原則に当てはめて社内の部門を横断するチームをつくるところから、イノベーション・プロジェクトを始める。タテ割りで分かれている研究部門、開発部門、企画部門、デザイン部門などの各部門から一名ずつ人材を選び、部門を横断する形のプロジェクト・チームをつくる。そして短期間で特定のミッションを実行する。これを**スカンクワークス**と呼ぶ。

スカンクワークスは、航空産業の最先端を担うステルス攻撃機の開発などで、米ロッキードが最初通称として使ったチーム運営手法である。能力差が少ない「粒ぞろい」のメンバーでチームを構成し、一人のプロジェクト・マネジャーがすべてを統括する。階層構造を設けないため、コミュニケーションがとりやすく、プロジェクトの目標と全体像を全員が共有しやすいというメリットがある。

スカンクワークスで、「創造の方法」を実行してモノづくりをおこなうというプロジェクトを、一定の期間実施する。最初に「哲学」を考えるところから、何をつくるのかを考えて、実際のものができて動かすところまで、さらには商品化するところまでを、一つのチームで一貫しておこなうことが肝心である。集まったメンバーは、各部門のエキスパートであってもほかの部門のことは知らないので、異分野のメンバーとのコラボレーションが大きな刺激となり、創造性のあるモノづくりの原動力となる。同じ言葉を使って、同じ釜の飯を食って一緒に仕事をするということが重要である。

日本の多くのものづくりの会社では、社員は入社したときから各自の仕事の領域が限定されていて、創造性を発揮する機会に恵まれない。会社としても社員に開発のプロセスを早めるように要求するため、業務が標準化し、ますます創造性が発揮しにくい状況をつくりだしている。このままでは創造性のある商品が生まれてこない。

部門を横断するチームをつくってモノづくりをおこなう方法は、こうした行きづまり状況を解決する。研究部門、技術部門、開発部門、企画部門からそれぞれメンバーを選出してもらい、プロジェクトを始める。選ばれたメンバーは、それまで部門間の交流もあまりなく、初めはほとんど互いに面識もないことが多い。ところが多くの場合、彼らは「創造の方法」の作業を続けているうちに、思いもよらなかった自分たちの創造性に驚く。そして非常に短期間に、ある程度の成果が出る。

チームの人数は三人から五人くらいが適切である。基本的には自分の部門に籍をおいたまま、チームメンバーが定期的に集まるという形をとってプロジェクトを進めればよい。単に集まるだけでは何も生まれないので、うまくチームの創造性を引き出すまとめ役が必要である。最初は外部のコンサルタントの力を借りることも必要だろう。第1章で紹介したように、GEやP&Gも外部のデザイン・コンサルティング会社の力を借りて、社内に新しいイノベーションのしくみをつくった。一度「創造の方法」を経験したメンバーは、次からはファシリテーター（世話人）の役割を担うことが可能になる。元チームの各メンバーがファシリテーターとなってそれぞれプロジェクトを立ち上げるといった方法で、創造性のDNAを徐々に社内に浸透させていくことができる。

社内資本の活用

イノベーションを定期的におこなっていくためには、社内の資本を最大限に活用すべきである。社内の資本は大きく分けて三つある。アイデアの資本、技術・サービスの資本、タレント（人材）の資本である。この三つの資本を各部門から選出された人にもってきてもらい、顕在化する。技術やサービスの資本も、日本の企業の中に山のようにある。研究所の中の技術も、一つずつ見たら驚くべきレベルのものとなる可能性があるだろう。それなのに、なぜか皆お互いの資本を知らない。全体として会社の資本が見えていない。

社内はアイデアの資本に満ちている。しかし皆、日々の目の前の仕事を片づけるのに追われて忙しい。魅力的なアイデアについて話ができるのが、お酒を飲むときくらいだという人が多いのはもったいない話だ。「あいつはあれができる」「あいつはあんなことがうまい」といった社内のタレントも、配属された部署に関係なく、有効に活用すべきだ。社内にある潜在的資源を顕在化させていくのだ。

人材育成

今、日本の企業がもっとも困っていることは、入社したときから各社員の仕事の領域が限定され、創造性という話にまでならないことである。上からの要求は、早く開発をするように、といったことであり、そうなると標準化するしかない。そういった形で、どんどん創造性が発揮しにくい状況をつくりだしている。

プロジェクトが終わったときに、新しいコンセプトだけではなく、それを「実行できる資質」を備えた人材も育成する必要がある。「モノづくりは人づくりから」というのが基本である。

一度、基本から最後まで一通りのモノづくりの流れを経験してみると、何が足りないのか、どうすればよいのかといったことがわかってくる。そうすると、今度は自分で技術習得を始める。あるいはデザインの練習を始める。最初は下手でも半年から一年も経てば非常に洗練されたもの、本書の言葉で言えば「二一世紀のモノ」をつくることができるようになる。

常に自分で何かを発見しよう、つくろう、と思いながら手を動かしているので、同じことの繰り返しにはならない。モノづくりの最初は誰でも興奮するが、慣れてくると職人芸っぽくこだわるようになる。しかし、アイデアが常にイノベーションされているので、常にやることは変化している。

モノづくりの楽しさや意味が手にしみついていて、コラボレーションするクリエイティブな人たちが生まれてくると、組織は大きく変わるだろう。そのうち、営業なのかデザイナーなのか設計者なのかわからないような人も出てくるだろう。

このようなコラボレーションをおこなうために大切なことは、同じ場所に皆で一緒にいて長時間話し合い、共同の作業を続けるということではない。四人なら四人、五人なら五人が時間をシンクロ（同期）させて、同じ時間、同じリズムで動くことである。そうすると離れていても、同じ目的をもって、同じ仕事をすることができる。具体的には、メールやスケジューラといったデジタルツールを上手に使うことが重要だ。このことについては、私は一度『会議力★』という本の中で詳しく説明したことがある。

コラボレーションというと、皆で集まって、意見を交換して、ホワイトボードを前にしたブレインストーミングの光景を思い浮かべると思うが、そうではない。それはコラボレーションのほんの一部である。チームの人間皆が同じリズムを刻むこと、刻むための方法というのが非常に大切である。決めた時間で決めた作業をおこなったり、皆が集まったり解散したりを繰り返していく。

軍隊やスパイ映画でも、何かを始める前に皆の時計を合わせるが、それと同じである。時間を合わせてコミュニケーションしているうちに、だんだんシンクロして動けるようになる。船の上やヨットなどでも同じである。

グループでのコラボレーションのノウハウでは、野《の》中《なか》郁《いく》次《じ》郎《ろう》著の『アメリカ海兵隊――非営利型組織の自己革新』★★という本で紹介されている、アメリカの海兵隊の新人教育の事例が興味深い。

海兵隊の目的は、敵地に上陸してそこで最初の拠点をつくることで、航空母艦の上から戦闘機を飛ばして戦車とコミュニケーションしつつ攻めていく。たとえ海軍と空軍と陸軍を集めて同じことをおこなおうとしてもうまくできないが、海兵隊だとそれが可能である。なぜなら、お互いがコミュニケーションできる共通の言葉をもっているからだ。海兵隊に入隊すると、まずライフルの訓練が徹底的になされて、ライフルマンとして鍛えられる。これはライフルを使うためではなく、航空母艦、戦闘機、戦車それぞれを動かす兵士たちが、お互いに共通の言葉でコミュニケーションできるようにするためである。

チームで何かを成し遂げるためには、共通の言葉が必要だ。南極探検においてもしかりである。西堀榮三郎の南極越冬隊の記録によると、西堀は南極探検に学者たちを連れていくことになったとき、何もできない学者たちをまず日本で雪山に連れていき、そこでテントを張らせる訓練をおこない、身体的な場を共有し、言葉を共有させていったという。お互いがコミュニケーションできる言葉を共有していなければ、グループとしてコラボレーションはできないのだ。

チームでモノづくりをおこなう際にキーとなるのは、コミュニケーションである。電子メール等の発達によって、情報共有のスピードが速くなっていることもモノづくりにおいては非常に効果的だ。だが、繰り返しになるが、具体的なメッセージ交換というより、時間がシンクロしていく感じを生み出していくしくみが大切なのである。マイケル・シュレーグ著の『マインド・ネットワーク――独創力から協創力の時代へ』★★★という本

★平凡社新書、二〇〇三年
★★中公新書、一九九五年
★★★瀬谷重信・コラボレーション研究会訳、プレジデント社、一九九二年

では、DNAの二重らせん構造を発見したワトソンとクリック、ビートルズのジョン・レノンとポール・マッカートニーによる曲づくりなどの数多くのエピソードを通して、コラボレーションとは何か、コラボレーションを生み出すためのツールとはどのような商品やサービスかを考えている。この中でシュレーグはダイナミックな情報のやりとりの大切さを説き、ツールは使い方によってまったく異なる効果を生むということを述べている。コラボレーションとは、複数の人間が共同で新しい情報やアイデアを創出したり、付加価値を生み出していくことである。電子メールを単に情報の共有の道具だけに使うのはもったいない。電子メールはコラボレーションを引き起こすツール、時間をシンクロさせる道具にもなるのである。

イノベーション道場の形成

創造性のマネジメント、つまり誰にでも創造性を発揮する能力を身につけさせる方法を実行するためには、創造の空間が必要である。その空間をデザインすることもまた、非常に大切な作業である。

プロトタイプ思考で何度もつくって考えるには、何度もつくって考えることのできる場所が常に必要となる。私が教えている大学の研究室のそのための場所には、道具も材料もそろい、「創造の実験室」と呼んだりしている。イノベーションの基本戦略として、経験の拡大から始まってプロトタイプ思考へと「創造の方法」全体が無理なく展開していくことができる場所、イノベーションのための道場をつくっていくことが非常に大事である。

体育館のような場所でかまわないから、プラクティスを覚えられる場所があれば、そこで「つくって考える」ことができる。私の大学の研究室の道場は、基本的には学生がその場所を整理整頓、掃除できるノウハウを身につけることを最初のステップにしている。掃除がきちんとできるようになると、合宿をするときでも持ち込んだ旋盤や養生シートで大広間をあっという間にイノベーションの工場にしてしまうことができる。それは身体に場所の感覚が身についているからである。「場所」というと、ある機能が整っている固定された場所と考えてしまうが、そうではなく、身体を場所化させてしまえばよい。基本的には、ＧＥやＰ＆Ｇも場所をつくって、創造性を育てたのである。

創造的に仕事をする場所は、アイデアが生まれる場所であり、商品やサービスがつくられている場所であり、経験を拡大した人間が帰ってきたら、すぐにでも検証できる場所でなければいけない。そこから創造性のプラクティスを身につけた人材を次々に生み出していくことが理想的だ。

茶道でも野点《のだて》というのがある。茶人の中に茶道のプラクティスが身についているから、屋外のどこでもお茶を点《た》てることができるのである。茶道は昔は数寄《すき》者の遊びだった。大正期に財をなした財閥の番頭がお道具を買ってお茶会を開き、家元を呼んで、お茶事の方法を学んだ。次いで、初期の財閥が大きくなって近代的な企業が登場し、その企業で働くことで安定した経済力を身につけた都市中産階級が登場する。数寄者の旦那たちにお茶を教えていた裏千家《うらせんけ》の茶道の師匠たちは、やがて中産階級の女性たちにお茶を教えはじめた。昭和以降、裏千家は茶道を教えることをビジネスにして、顧客を数寄者の旦那衆から中産階級の主婦に変えて大成功していく。呼ばれて奉仕する側から、呼んで教える側に変わる。こういうしくみをつくることで、茶道が限られた人の楽しみから、誰もが学べるプラクティスに変わっていったのである。★

創造性のプラクティスも、学ぶ場があり、身体的に覚えることができれば、覚えた人が次の人材を育てていくことができる。創造性が、個人の問題ではなくマネジメントの問題であり、オフィスのデザインの問題であるというのは、コラボレーションのプラクティスをイノベーションの中に組み込んであるからである。プラクティスとしてモノづくりを学べる場所があれば、モノづくりは限られた人たちの「技」ではなくなる。

プラクティスは前にも述べたように、「お稽古」と言い換えることができる。「お稽古」は継承するから、「お稽古」を継承するしくみと場所をつくればよいのである。場所を使いこなすことが、文化の継承にもなる。「道場」で学び、学んだあとで行った先をまた変えていくこともできる。かつて知識マネジメントと呼ばれていた創造性の方法は、知識の共有が創造性を生むとしていたが、「創造の方法」では、時間と空間を共有するプラクティス、すなわちコラボレーションのプラクティスを身につけることで、イノベーションを生むのである。

★また、当時、中村外二《そとじ》という天才的な大工が、茶室を「定型化」してモジュールとしたことはよく知られている。これがプラクティスの道場となったのだ。

第7章 イノベーションを評価する

——創造のプロセスの下流

イノベーションには、開発における成功と商業化における成功という二つの課題がある。ここまではイノベーションを起こすために顧客の経験を調査し、コンセプトをつくるというイノベーションの「上流」について主に話をしてきた。デザイン思考の考え方を経営に適用していくに際して、創造性のある商品やサービスをイノベートする、という意味では上流のところが非常に大切であり、また競争力を考えたときにもわかりやすい。

だがイノベーションは実際にモノを生産し、市場に投入し、継続してモノをメディアとするサービスを提供する領域においても必要なのである。ここの流れをイノベーションの「下流」と呼びたい。商業化と呼ばれているところである。モノを実際の社会の中で使ってみてその実用性を検討し、具体的にビジネスモデルを構築して事業を営んでいくプロセスである。

言い方を変えると、創造性が単にプロダクトあるいは単品のサービスに適用されるのではなく、新しい産業を創出するところまで展開するには、創造性の下流のステップにもイノベーションが必要なのだ。この流れをスタンフォード大学のDスクールではソリューションと呼んでいる。あるいはインプリメンテーション、デプロイメント、オペレーションと呼んでもいい。デザインしたものが論理的、技術的に成立し、機能することを確かめることが狭い意味でのソリューションである。この段階は従来ではプロトタイプが実際に動くか、さらには採算が合う形で工場生産ができるかの検討だけであった。しかしながら、最近ではビジネスのしくみを考え、実際に生産したモノを市場に投入するまでのしくみもイノベーションの対象と考える。これがイノベーションの下流の考え方である。

新商品やサービスを開発する方法には、ウォーターフォール型と反復型と呼ばれる二つの方法がある。ウォーターフォール型とはもっとも一般的な開発モデルで、その名のとおり滝が流れるように、上流から下流に向かって、さかのぼることなくプロジェクトを進めていく方法である。プロジェクト全体をいくつかの工程に分割し、各工程での成果物を明確に定義し、その成果物に基づいて後工程の作業を順次進めていく開発モデルである。成果物は各工程ごとに検証され、所定の手続きで承認されたものだけが次の工程へ進む。原則的にこの順序を飛び越したり、逆戻りしたりすることは許されない。

一方の反復型はシステム要件がきちんと確定していない状態でも、まずは開発に入り、設計、実装、テストを短い時間に繰り返すことでシステムの品質を高めるアプローチをとる方法である。ウォーターフォール型では初期段階で要件を確実に定義する必要があり、定義が決まらないと設計、実装へと進めない。そのため最近は納期の短いプロジェクトにおいては、開発が進んだ段階であってももう一度前の段階に戻って作業することが可能な反復型が注目を集めている。

「創造の方法」は反復型である。反復することによって、価値のあるものが生まれてくる。「創造の方法」の手法を使えば、元に戻ったり進んだりが自由にでき、一度回りきってから再度プロセスを繰り返したりすることができる。「創造の方法」を利用することによって、途中からでもデザインを洗練させることができるのが大きな特徴である。

デザイン思考を商品開発に適用する場合、上流においてはプロトタイプを先行させる方法を導入して反復型を徹底して活用する。同様に、下流であるソリューション以降のステップにおいてイノベーションをおこなうためにも徹底した反復が必要となる。だが、ソリューションの段階でイノベーションを導入するためには従来の商品開発の方法では不十分である。イノベーションを評価する手法が必要になるのだ。

プロトタイプをつくりデザインした後に、実証、ビジネスモデル構築のステップを経て市場に出す。これは「創造の方法」の下流の部分であり、ビジネスにつながる部分である。この下流部分のイノベーションを評価する手法がある。

ここで再びｉＰｏｄの歴史を振り返ってみよう。ｉＰｏｄが発売される直前の二〇〇一年一〇月、アップルは前年同期比二二％ダウンの一四億五〇〇〇万ドルを四半期収入として報告した。利益は半減し、デルなどの低価格ＰＣが市場を席巻していた。ところが、その直後アップルはｉＰｏｄを発表し、状況は一変したのである。

変わったのはアップルだけではない。音楽業界や家電業界をも巻き込んだ大きな変化が訪れることになる。まったく新しい産業が登場してしまったのだ。発売以来、コンピュータ、家庭用電化製品、音楽業界はｉＰｏｄに振り回されてきた。ｉＰｏｄはコンピュータ機器でありながら、エンターテインメント業界の産業構造を大きく変える「ソリューション」にイノベーションをもたらしたのである。

一見したところ携帯音楽プレイヤーにすぎないｉＰｏｄは、なぜ三つの大きな産業を動かすまでになったのか。それは下流部分のイノベーションに成功しているからである。

本書では何度も言及しているが、わかりやすく言えば、iPod、iTunes、そしてiTMSの組み合わせによって、デジタル音楽が簡単に入手できるようになっただけではなく、合法的な音楽ダウンロードが機能するしくみを音楽業界に提供したのである。またコンピュータ産業に対してもiPod関連のアクセサリーやアドオンの提供を促し、提携するソリューションにイノベーションをもたらした。現在ではテレビや映画など映像産業への新たなしくみを検討している。

iPodは自分の音楽コレクションをいつでもどこでも聴くことができる装置である。だが、この装置にいままでにないイノベーションが加わったことで、産業界のしくみに変化が起きているのである。これまでは多額の研究開発費と長期にわたる研究が必要な大規模なイノベーションだけが市場を創出したり市場のしくみを変えたりする、と言われ続けていた。しかし、デザイン・イノベーションによっても産業構造が根本的に変化するのである。

「創造の方法」の下流部分では、イノベーションの演出方法が変わってくる。自分たちでつくったものを自分たちで評価するダーティプロトタイピングのときとは異なり、具体的な顧客やユーザーの下す評価を観察しなくてはならない。これは従来はインプリメンテーションやデプロイメントと呼ばれている部分で、このフィードバックが下流でのイノベーションをおこなうためには非常に大切である。

この作業は市場にまずモノを出して顧客とのインタラクションを通じておこなっていく。「創造の方法」の上流ではすぐ壊れてしまうようなダーティプロトタイプを使ってコンセプトの検証をおこなう。しかしその次に世の中に問いかけるということが必要となると、段ボールのダーティプロトタイプよりもう少し開発を進めなくてはいけない。

これは大学の研究室でも同じである。学会に応募するときダーティプロトタイプを使って撮影したビデオを送付する。審査されて採択されるとあらためてデモ展示用のプロトタイプを作成することになる。金額的にも大きくなるが、それまでにダーティプロトタイプを何度となく作成しているので、つくるものが見当はずれということはない。同じことは商品やサービスにおいても言える。最初からマーケットと売上を決めて二〇億円の開発費をかけて、結果売れないよりは、ダーティプロトタイプ製作を繰り返してコンセプトの有効性の確証をもってデモンストレーション用のプロトタイプをつくることで、失敗の確率は下がっていく。

多くの会社ではマーケティング部門が商品のイノベーションを「評価」しているだろうが、これは間違いだ。基本的に単発の商品やサービスはそれがたとえいいものであってもビジネスとしての規模が小さかったり、人びとの中で普及しなかったりする。マーケティング部門に商品を提案するときに、「ビジネスモデルは何か、収益は何か」と言われて不愉快な気持ちになった研究開発担当者は多いのではないだろうか。だが、イノベーションの上流部分での開発だけではビジネスモデルの答えは出ない。マーケティングや物流、あるいは製造の人間もイノベーションの上流過程に参加する必要性は第6章で説明したが、この段階で、つまり「創造の方法」の下流段階でR&D&D&Dの最後のD、Dissemination（普及）のイノベーションが必要になる。それはマーケティングや販売の部門が主導しておこなうべきイノベーションであり、上流のイノベーションの品定めではないのだ。ほとんどの企業において意思決定をする場合、この部門のイノベーションをおこなわないか、イノベーションの上流の役割としている。ここが日本型の商品開発の最大の問題点といってよい。

またなんらかのソリューションを考えたとしても、特定のサービスや機器のためにあらためてインフラを整えていたのでは、投資が先行してなかなか成功は難しいだろう。よくおこなわれているのは政府予算なり公的な資金を使ってモデルタウンやモデルオフィスをつくり、そこでソリューションのビジネス的な可能性を検討する、という方法であるが、このような方法で成功することはまずない。社会や市場の実際のニーズやウォンツを反映していないからだ。

「普及」の段階でイノベーションが必要であるというのは、まさにこのような困難な状況において、商品やサービスを一つのソリューションに組み込んで利益をあげていく方法をイノベーションする必要性があるからである。

ではどうやるのか？ たとえば任天堂のファミリーコンピュータは、ゲームを楽しむ商品をすでに存在しているインフラストラクチャーにのせる方法をイノベーションしたために成功したのである。つまり家庭にあった古いテレビを、コンテンツの流通のプラットフォームとして使う画期的な「普及」のイノベーションであった。

ファミコンが登場したのは一九八三年である。二九インチの大画面テレビが普及したのも同じ頃である。そのとき、それまでのテレビは主役の座をおりた。その古いテレビ画面を使うことでファミコンは普及していったのである。テレビアンテナを使って出力ができたことがこの戦略を象徴している。そのファミコンに任天堂だけがゲームコンテンツを供給するしくみを構築したのだ。

ファミコンは古いテレビにつなぐ方法をイノベーションしたと述べると、テレビにつなぐ家庭用ゲームはすでに存在していたではないかと思う人も多いだろう。

当時を振り返ってみると、家庭用テレビゲームの市場は多くのゲーム機の乱立状態であった。八一年にエポック社から「カセットビジョン」、八二年にバンダイから「インテレビジョン」」、タカラから「ゲームパソコン」が出ている。他にもいくつもあった。テレビにつながるゲーム機という意味ではイノベーションを見つけることは出来ない。

しかし、任天堂は業務用のゲーム機と同等の性能を安い価格で提供するためにさまざまな方法をとった。なかでもすでに普及しているテレビを使ってゲームセンターと同じような表現力をもった画像をつくるために様々な方法を上村雅之《うえむらまさゆき》が中心となって検討し、八二年に画面を二五六×二四〇に分割し、一つ一つのドットに五四色の制御ができる画像チップを開発した。わくわくするゲーム経験をユーザーに提供するためにはただゲーム機をテレビにつないだだけでは質の低い画像になり、豊かな経験を提供できるとはいえない。すでに普及している小型のテレビをインフラストラクチャーとして使う普及の戦略には、従来のテレビで魅力的な画像をつくる技術が必要だったのである。

有名な話ではあるが、チップを提携して開発したリコーと価格交渉をして、当時社長の山内溥《やまうちひろし》が「二年間で三〇〇万個の購入を保証する」と言い、低価格でのチップの購入に成功した。さらに、筐体とコントローラーを横井軍平《よこいぐんぺい》が開発して、赤と白のプラスチックを使った筐体と「十字キー」と二つのボタンをもったコントローラーが登場する。そして宮本茂《みやもとしげる》がゲームソフトを開発する。こうしてファミコンは、すでに普及して使われなくなったカラーテレビをゲームのインフラとして普及していった。R&D&D&D

の最後のDissemination において強烈なイノベーションがおこなわれているのである。

ｉＰｏｄもまた、ある程度普及していたインターネットとパーソナル・コンピュータを組み合わせて自分のソリューションのインフラとしている。ここもプロトタイプをつくりながら考えていく必要がある。こうした決定は計画的というより「創発」である。市場に商品を投入し顧客の反応を見ながら、いろいろなソリューションを試していけばいいのである。

この「普及」のイノベーションこそが、デザイン主導のイノベーションが大きな産業となる一番のポイントである。デザインする対象はハードウェアやソフトウェアにとどまらない。組織や流通のしくみもイノベーションする必要がある。

本書で紹介してきたスタンフォード大学のＤスクールは、実はこの「普及」の部分を「ソリューション」と呼び、ここのデザインをおこなうことを主たる目的としている。スタンフォードの卒業生でＩＤＥＯの創設者であるデイヴィッド・ケリーが中心となり、くわえて第4章で詳細を紹介した経験拡大の方法を設計論に適用することの意義を最初に明確にしたスタンフォード大学のコンピュータサイエンスの教授であるテリー・ウィノグラードも名を連ねている。前にも説明したが、ＳＡＰからの三五〇〇万ドルの巨額の支援もあり、その予算の効果的な使い方を考えているところだという（二〇〇七年現在)。

Dスクールのデザインとは、単なる技術的なソリューションではなく、一つの産業を生み出すようなイノベーション・ソリューションを提案する方法である。デザイン思考を基本に据えて、ビジネスを専門とする学生や技術を専門とする学生とデザイン思考が身についている学生とのコラボレーションがおこなわれている。

この考え方は、本書で何度も紹介したIDEOが経営方針を大きく転換したことにも見てとれる。ティム・ブラウンがCEOとなり、IDEOはそれまでのデザインを請け負う会社から、デザイン思考を活用して「普及」のイノベーションを提供する方向へと向かっている。ビジネス的には個別のプロダクトをつくるよりも新しい市場をつくったほうがマーケットが大きいからである。個別のプロダクトをつくっても、マーケットの中での競争にさらされるが、デザイン思考を活用したソリューションを「普及」させるイノベーションであれば新しい産業を生み出すことになり、他社との競争が始まるまでの時間を確保して利益をあげることもできる。

これまで、スタンフォードでデザインを教えてきたのは、エンジニアリング学科であった。しかし、Dスクールは、このソリューションによるデザインの変化の中で、どちらかというとビジネススクールの後継としての立場を取ろうとしている。一つには、世間的にＭＢＡの不要論が高まっていることが背景にある。これは、ＭＢＡの学生は過去のケースばかりを学び饒舌《じょうぜつ》であるが、イノベーションのある提案はつくりだせないという揶揄であり、また組織としてもＭＢＡの学生を抱えすぎることは、中間管理職的な部分が肥大してしまうという問題も指摘されている。一方、デザインスクールの卒業生はフィールドに飛び出して、アイデアからコンセプトをつくるとすぐにプロトタイプをつくり、そこから様々な社会システムを考慮して、そのプロトタイプを活用する「普及」のイノベーションをてきぱきと生み出す、というわけである。

問題点が指摘されているのはビジネススクールだけではない。エンジニアリングスクールの学生もやはり、ソリューションをイノベートすることが苦手である。エンジニアの学生は一般的に社会的経済的ダイナミクスが理解できていないことが多いからである。そこで、ビジネススクールとエンジニアリングスクールがＤスクールをハブとして一体となり、彼らの言葉で言えば「ソリューション」をイノベートする、という仕掛けになっている。

このように、「創造の方法」の下流における「普及」のイノベーションを評価する手法を導入しているデザイン思考もある。それを活用するコンサルタントがいる。シカゴにあるデザイン・コンサルティング会社ドブリングループの代表のラリー・キーリーである。彼は現在、創造性評価の専門家として非常に注目されている。デザインとイノベーションに関する調査・研究、および新しいデザインの可能性を論じるときに欠かせない論客でもある。かつて、生産性の問題を語るときにW・エドワード・デミングが提案した指標が欠かせなかったように、イノベーションの問題を語るときには彼の提唱する指標が欠かせないとまで言われている。

　キーリーを、第2章で紹介したデザインクエストに呼ぶためにシカゴのオフィスを訪問したことがある。デザインの手法を経営戦略立案に使うことができると説明してくれたことが非常に刺激的だった。当時の彼は「ユーザーのニーズ＋差別化＋ドラマ＋サバイバル＝戦略」という方程式を使って説明していた。ユーザーのニーズが戦略のコアであり、デザイナーはここを理解する能力に優れている。ユーザー中心主義のデザインという動きもある。差別化に関して言うと、いくらユーザーのためを考えていても、そのデザインに新鮮さとか独自性といった魅力がないと喜ばれない。しかし差別化しただけでもまたユーザーがその商品を手にすることはない。どのように使うのかをユーザーに明らかにしておかなくてはいけない。ドラマとはその作業を指す。アップルやナイキはこの手法に長《た》けている。しかし、それだけでもまだ不足である。商品はサバイバルしなくてはならない。つまりはつくりがしっかりしており、適切な店舗に置かれ、アフターサービスもちゃんとおこなわれなくてはならない。この分野はエンジニアやMBAをもっているビジネスパーソンが活躍する領域である。戦略とはこの四つの要素を組み合わせたものであるが、幸い、デザイナーには「組み合わせる方法」に長けている人が多い。

彼のこの立場は二〇年ほど前のものであるが、非常に評判がいい、彼の提案するイノベーションを評価する一〇の指標にも反映されている。①ビジネスモデル、②ネットワーク、③実現プロセス、④コアプロセス、⑤パフォーマンス、⑥プロダクトシステム、⑦サービス、⑧チャネル、⑨ブランド、⑩顧客経験、こうした複数のイノベーションを上手に組み合わせることで商品カテゴリーをまったく別のものにしてしまうモノを開発することができる。

『ビジネスウィーク』二〇〇五年八月一日号に彼の指標をiPodの分析に適用した例が出ていたので、ドブリン社のウェブサイトで公開している説明とあわせて、イノベーションの評価の方法を見てみることにしよう。

彼は指標を四つの領域に分けている。財務的なイノベーション、プロセスのイノベーション、商品やサービスのイノベーション、デリバリーのイノベーションである。

●財務的なイノベーション

タイプ1　ビジネスモデル

どのように利益をあげるかの方法にイノベーションがあるかどうか。デルは顧客のPCが組み立てられて発送される前にお金を顧客から集めるというビジネスモデルを構築した。

iPodは音楽家やレコード会社と交渉してコンテンツのダウンロード・ビジネスを成立させ、またiPodのハードウェアを販売することからも収益が出るしくみをつくった。〈イノベーションあり〉

タイプ2　ネットワークおよび他社との提携

ほかの企業と提携して利益をあげていく方法にイノベーションはあるか。アップルはレコード会社と提携してダウンロードの形で音楽を販売するしくみを合法的なものにした。また様々なアクセサリーメーカーと提携してiPodのマーケットを広げただけではなく、ブランドの浸透にも成功した。〈イノベーションあり〉

●プロセスのイノベーション

タイプ3 実現プロセス

付加価値をつけるもっとも大切なプロセスのイノベーションだけではなく、そのプロセスを実行するしくみにもイノベーションが必要である。有名な例としてはスターバックスがある。顧客が快適にコーヒーを飲むという経験を提供することで付加価値の高いビジネスを実現するために、従業員に相場より高い賃金を払い労働環境を整えている。そしてそれにふさわしいレベルの高い人材を雇用することに成功している。

iPodの場合は音楽を聴く端末(iPod)をコンピュータに接続するだけでソフトウェア(iTunes)と連携するしくみを構築した。ただし、これは特にアップルに限ったことではないのでイノベーションがあるとは言えない。

タイプ4 コアプロセス

提供するプロダクトやサービスが付加価値を生み出すしくみのイノベーションのことである。このイノベーションは多くの場合、非常に大切である。たとえば、ウォルマートはリアルタイム在庫管理システムや取引先に対する大量購入をするかわりに徹底した低価格を要求する契約システム、さらにはその日の売れ行きなどを見て店長が価格を変更できるシステムなどを導入して、より多くの付加価値を生み出すしくみを構築した。

iPodの場合はリッピングの文化とミュージシャンを支援することでオファリングの付加価値を高めるプロセスを導入している。この方法もまたとりわけイノベーション的というわけではない。

●商品やサービスのイノベーション

タイプ5　パフォーマンス

コアプロセスをデザインする方法にイノベーションがあるかどうか。

iPodは使いやすいハードウェアをデザインし、見た目も魅力的で同種の音楽用携帯端末と明らかに異なっていた。非常にイノベーションの水準が高い。

タイプ6　プロダクトシステム

提供するしくみが複数のプロダクトのプラットフォームとなるようなイノベーションが提供されているかどうか。

たとえばマイクロソフトのマイクロソフト・オフィスはワード、エクセル、パワーポイントなどの複数のアプリケーションを一つのシステムとして統合して、オフィス活動の生産性を向上させた点がイノベーションであった。

iPodはハードウェアとソフトウェアがシームレスに連携し、さらにiTMSによるインターネット販売にも連携していく。さらに無数のアクセサリーが供給されている。このシステムのイノベーションが非常に素晴らしい。

タイプ7 サービス

プロダクトやサービスを超えた価値を提供できるしくみのイノベーションはあるか。

たとえば、飛行機会社の国際線は、乗客を目的地に連れていくことが本来の目的である。シンガポール航空は乗客が飛行機に乗っていることを忘れさせるようなきめの細かいサービスを、飛行機に搭乗する前にも、搭乗中にも、そしてその後にも提供する。

iPodでは直営店にジーニアス・バー（修理や相談ができる場所）をつくって保守サービスをおこなっているがイノベーションがあるわけではない。

●デリバリーのイノベーション

タイプ8　チャネル

実際の商品あるいはサービスを市場に投入する方法のイノベーションはあるか。

iPodはこのイノベーションに優れていた。なによりもインターネットを使って合法的に音楽を販売するチャネルを構築した点が評価できる。またハードウェアをネットでも家電量販店でも、アップル直営店でも購入できるようにした点も評価できる。

タイプ9　ブランド

商品やサービスの魅力を顧客に伝達する手法のイノベーションがあるか。

iPodはハードウェアのインターフェイスとソフトウェアのiTunesをすでに確立していたアップルのイメージと連携する方法を構築して成功した。ハードウェアとソフトウェアをあわせて一つのモノとして顧客に示す方法がイノベーションであった。

タイプ10　顧客経験

商品を顧客が手にしたときに獲得する経験にイノベーションがあるか。その商品でしか味わえない経験を提供することで成功した例としてはハーレー・ダビッドソンがある。ハーレー・ダビッドソンを所有する経験をオファリングとしたマーケティングは有名である。

ｉＰｏｄはこの領域でのイノベーションがもっとも素晴らしい。携帯できる装置で音楽を聴くという経験が「良い音を聴く」から「個人の音楽のコレクションから好きな音楽を選んで聴く」に変化していることを発見したからである。この経験をオファリングにすることを思いついた点が最大のイノベーションである。

キーリーの指標に従ってｉＰｏｄを評価した記事を紹介したが、ここで注目したいのは一〇の指標のうち七つにおいてイノベーションありとされていることである。ｉＰｏｄはただクールなだけのモノではないのだ。どのようなものにするか、そのしくみはどうであるか、といった「研究・開発」のＲ＆Ｄはキーリーのカテゴリーのなかのプロセスのイノベーションと、商品やサービスのイノベーションにあたる。優れたインターフェイスとソフトとハードとコンテンツをパッケージにした点はイノベーションがあるが、そのほかにおいて強烈なイノベーションがあるわけではない。だが財務とデリバリーのイノベーションに相当する実証・普及のD&Dの部分には、非常にしっかりとしたイノベーションがある。また顧客に喜んで使ってもらえるという「普及」の最後の段階のイノベーションは、何を研究するべきかの「研究」に深く関わるものである。ここにおいて強烈なイノベーションをおこなっていることがわかる。

イノベーションというと、「創造の方法」で議論してきた上流の問題だと考える傾向がある。したがって、新しい商品を考えるときには、顧客の経験をイノベーションする作業から始める「創造の方法」で考えたほうがよいのだろうか、それとも伝統的な手法がいいのだろうか、という疑問が浮かんでくるビジネスパーソンは多いだろう。本書で「創造の方法」として紹介してきた商品開発の方法は、多くの会社が普通に使っている従来の商品開発の手法とはスタートからまったく異なったものである。つくり手が顧客の経験を自分のものとして理解するのが「創造の方法」だからだ。だが、キーリーの一〇の指標を見てわかるように、創造的でビジネス的にも成功する商品を開発するにあたり、実際にアイデアを思いついてから商品にしてそれを顧客に届けて使い続けてもらうまでに、長い商品開発のプロセスの多くの段階でイノベーションが必要なことがわかる。iPodの場合、商品の派手なプレゼンスからすると、びっくりするほど下流がしっかりとしていることがわかる。

「普及」のイノベーションを考えるときに大切なことは、マーケットに広く受け入れられるイノベーションをおこなうためには「何をやるべきか」ではなく、「何をやりたいか」に開発者の思考のモードをチェンジすることなのだ。既存のマーケットで確実に収益をあげていくようなビジネスであれば、従来の方法でいいのだろうが、新しい分野にむけて商品を開発しようとするのであれば、創造的手法を導入する必要がある。とりわけインターネットの登場で、サービスやプロダクトの関係がまったく変わってしまった。その動きに適応して魅力的な商品開発をしようとするのであれば、創造的な手法をとる必要があるのである。過去に成功した伝統的な会社や組織がもっている経験や価値観や手法やプロセスでは、対応できない部分が多くあるからだ。

創造的な手法を全社的な文化としたい、という希望をもっている企業も多い。皆が新しい発想のもとにアイデアを出す組織にしたい、と思っている。だが、こうした企業の責任者は同時に、これをどうビジネスにするのかと訊いてくる。市場を見たとき、たとえ創造的手法で開発されていたとしても、商品開発の下流のプロセスは非常に厳しい世界と考えるのが普通である。

だがこうした問いかけは、おそらく入口から間違っている。入口が間違っているので出口から出ていくことができない。「創造の方法」の上流をしっかりと展開して、その成果をもとにあらためて下流でもう一度イノベーションをおこなう。このように上流と下流がつながっているしくみを組織はもたなくてはいけない。そのために組織全体が新しく変わらなければいけないのだ。

もちろん技術的なイノベーションの必要がないと言っているわけではない。技術面での競争力が低下したのではビジネスを展開することは困難だろう。だが技術におけるイノベーションは、現在まである程度の実績を積み上げてきた企業であれば、継続しておこなっていくことができることは間違いない。今のしくみを改良していけば大丈夫だ。逆に、技術研究への投資効果を疑問視するような競争戦略的な手法を採用するリスクのほうが大きい。技術研究投資なしのイノベーション戦略で企業規模を大きくしてきたマイクロソフトやインテルも、現在では伝統的な意味での研究所をつくって多額の投資をおこなっている。ただしその資金は卓越した「下流の」イノベーションによって稼ぎだしている。

いま必要とされているのは、技術的なイノベーションのしくみの上でデザイン思考を活用したマイクロイノベーションをおこなっていくしくみである。ただし、デザイン思考を活用するイノベーションをおこなうしくみを中央研究所のように独立した組織にしてしまっては、あまり芳しい効果を得ることはできないだろう。オープンな組織とするなどの工夫をして、全社的にイノベーションを評価する組織文化を構築していかなくてはならない。

二〇世紀型の技術イノベーション先行の文化をもった会社が、デザイン思考先行型のイノベーションを展開する組織へと変化する難しさは否定できない。実験的な商品やサービスを開発し、試験的に市場に投入するところまではどうにかできる。だが、そのサービスなり商品なりを活用した強力なパッケージを生み出さないかぎり、新規商品や新規サービスはだんだんと運営の費用がかさみ、十分な利益を生み出すことができなくなる。そうなると、新しい事業を進めることをあきらめて、すでに収益構造がそれなりに安定している事業へと回帰してしまう。そして徐々に活動が衰退していくのである。

こうした体質をもつ伝統的な企業が、イノベーションに価値をおく会社へと体質改善をするにはどうすればいいのか。こうした問題に対する答えは、いままでにないパッケージをイノベーションすることしかないのである。

イノベーションを定義したのは経済学者のシュンペーターである。彼は一九一二年に出版した著書『経済発展の理論』★で、経済を発展させていくための様々な活動の変革を「イノベーション」と定義した。つまり「普及」のイノベーションも含まれるのである。

ところが日本ではイノベーションを技術革新と訳したため、R&Dのイノベーションだけに限定して議論がおこなわれてきた。

MOTの分野で「デスバレー」と言えば、基礎研究の成果が事業に反映されない現象のことであるが、アメリカにおいても海のものとも山のものともわからない新技術に開発の資金を提供する人は少ない。しかし要因は資金だけではなく、人材の問題も大きく、なによりも「普及」のイノベーションがおこなわれていない点にあると私は考えている。また組織内の連携の問題も大きい。

「創造の方法」はイノベーションを技術ではなく産業全体の問題と見ている。この視点からすると、新技術に投資がなされないためイノベーションが不可能であるという説明は疑問であるし、大きな企業がデスバレーを克服するために研究所や役職をつくっていることに関しても、その効果には懐疑的である。産業構造を変えて新しい市場を創出するイノベーションは技術以外の領域でもおこなうことができる、というのが「創造の方法」の一番のポイントである。『ビジネスウィーク』にイノベーションを高く評価されているような会社は、実は技術のイノベーションはそれほどおこなっていない。もちろんまったくないということではなく、3MやIBMは他には真似のできない技術をもっている。だが、基本的にはユーザーの欲しがる商品で、誰もつくっていないものをつくっているだけだ。いま大きな利益を生み出すのはデザイン思考を活用したマイクロイノベーションであり、これはクリステンセンが述べたようなイノベーションとはだいぶ異なるものなのである。いまの時代では、何十億円もかけて技術を開発して市場でブレイクスルーを狙うよりは、社内にある蓄積でマーケットを広げていくほうがいい。ノーベル賞を狙えるような技術ではないかもしれないが、生活を少し豊かにすることができるエジソン的な発想から言うと、ここに価値がある。

イノベーションと言っても、これは商品開発のマイクロイノベーションであり、メソッド的にも九〇年代のイノベーションとは違う。イノベーションをおこなう創造的な人材をマネジメントしようとするものでもない。イノベーションを常におこなう組織をマネジメントしようというのが本書の主張であり、そのためには組織を構成しているメンバー一人ひとりの中に、イノベーションのカルチャーがあるかどうかがとても重要である。GEもP&Gも、社内にイノベーションを担う組織をつくったのである。その組織が社内のカルチャーを変えていく仕事をしている。結果、GEとP&Gは創造性を新しい競争の武器として導入して大きく変わった。GEではかなり大変だったようだが、こ

★シュムペーター、塩野谷祐一・中山伊知郎・東畑精一訳、岩波文庫、一九七七年

ういったことを少しずつ新人研修からでも教えるなどして進めていくことが重要である。

創造的な手法で既存の商品開発のやり方を変えていくことはできるのだろうか。それとも新しい商品を考えるときには、「創造の方法」で考えたほうがいいのだろうか、という疑問が浮かんでくるビジネスパーソンは多いだろう。既存のマーケットで確実に収益をあげていくようなビジネスであれば、従来の方法でいいのだろうが、新しい分野にむけて商品を開発しようとするのであれば、創造的手法を導入する必要がある。とりわけインターネットの登場でサービスやプロダクトの関係がまったく変わってしまった。その動きに適応して魅力的な商品開発をしようとするのであれば、創造的な手法をとる必要があるのである。過去に成功したことのある伝統的な会社や組織がもっている経験や価値観や手法やプロセスでは対応できない部分が多くあるからだ。大切なことは「何をやるべきか」ではなく、「何をやりたいか」にモードチェンジすることなのだ。

「創造の方法」の下流をどのように設計するかの議論は、顧客経験を獲得する手法が正しいのか、従来の商品開発の手法が正しいのかという議論に、どうしてもすりかわりがちだ。また経営者には商品開発の下流における意思決定者、つまりは確実に利益が出るかを判断する役割の人間が多いため、「創造の方法」の議論にいたらない会社がほとんどだろう。だからこそ、ソリューションまでを含めてイノベーションを正しく評価する方法が必要なのである。

本書で展開したのは、顧客の経験から商品開発をおこなうという入口を選んだとすれば、正しい出口を設計することはそれほど難しくない、という方法論である。とくに、ソリューションのイノベーションまで視野に入れているデイヴィッド・ケリーの戦略の説明で面白いのは、商品開発のコアが顧客の経験の獲得であるなら、それはデザイナーの得意とするところだという点と、経験と差別化とドラマとサバイバルの四つの異なった領域をまとめて一つのソリューションとする作業も、デザイン思考に長けているデザイナーの得意分野だ、と述べている点である。

創造的プロセスの下流の部分、つまり実際に新商品を生産して、市場に出し顧客に届けて利益を出すところにも新しくイノベーションが必要である、という点が非常に大切である。一つの会社に、伝統的な手法の商品開発部門と創造的な方法を採用する部門の二つがあってはいけないのだ。GEもP&Gもこの点は専任の取締役までおいて徹底して実行している。すべてが創造的でなくてはいけないのだ。会社全体が新しく変わらなければいけないのである。

あとがき

本書を書きはじめたのは二〇〇五年の後半である。創造性の問題と、二一世紀のモノづくりはソフトウェアとハードウェアが融合しているのだ、という二点を日本の多くの企業が真剣に考えていないといういらだちから書きはじめたのだが、日本の企業風土も変わりはじめ、創造性とハイブリッドプロダクトの重要性について意識する会社が増えてきた。たとえばソニーの会長兼CEOのハワード・ストリンガー（当時）は、二〇〇六年一二月二五日／二〇〇七年一月一日号の『日経ビジネス』のインタビューで非常に興味深い戦略を発表している。ソニーの経営危機については多く報道されてきている。そうした中でストリンガー自身がソニーの改革について述べたのである。彼の話のポイントは次のとおりである。

①垂直的な事業モデルからの脱却

事業部主体の垂直的な事業モデルはもはや通用しない。現在消費者は映像や音楽等のコンテンツとハードウェアの継ぎ目のない関係を求めている。この消費者の必要を満たすような商品を開発するには水平的な事業展開を可能にする体制が必要である。

②ソフトウェアの開発体制の見直し

ソニーでは最初にデザインを決定してハードの設計を終えてから最後にソフトウェアを付け加える形で製品を開発してきた。これをひっくり返して最初にソフトの設計を考えて、それからハードを設計する体制をつくらなくてはいけない。そのために「技術開発本部」という新しい部門をつくった。

③アウトソース体制の見直し

部品と半導体事業を総点検して何を社外に出して何を残すかを検討する。

④事業を絞り込み、ブランディングを明確におこなう

映画の007では、ジェームズ・ボンドがソニーの携帯電話を使って、ブラビアを見て、バイオで本部と通信をしている。ソニーはエンターテインメント・エレクトロニクス・カンパニーとしてアメリカでは知られている。

ストリンガーは、デジタル化によって猛スピードで変化する事業環境に対処していくためには単品としての商品ではなく、「群れ」としての商品の魅力を考えた開発をおこなわなくてはならないとしている。またものづくりの形が変わったとも述べる。開発や設計などものづくりの上流過程が非常に重要になり、生産における検査が単に品質を保証するわけではなくなってきている。ソフトウェア起点の商品企画や設計をおこなう企業文化が必要となっているという。ソフトウェアの設計責任者が製品の設計やプラットフォームの構築をどのように決めるかを決定しなくてはならない。こぢんまりとした専門組織ではなく全社を巻き込んだ体制が必要である。さらには、ハード中心でソフトウェアが後からついてくるという体制ではいけない。またコアを自社開発して、そうでないところは外部調達することで企業間のコラボレーションを強化していくことが必要になる。コアをもたずに外部調達をすると利益がなくなる。コアをつくらずに内部ですべてをつくるとコストがかさむ。ここのバランスを決定するのがアーキテクチャーである。

ストリンガーの戦略はまさに本書で提案していることである。しかし、問題はこの戦略をどのように実行するか、である。個々人の創造的能力の開発が必要なのだ。本書は戦略だけではなく、この戦略を実行するために必要な能力をどのように開発していけばいいのかに関して、詳細に説明したものである。

本書の完成にあたっては、なによりもこの方法を使ってイノベーションの試みをおこなったいくつかの企業のメンバーに感謝したい。個々の名前を出すのは差し控えるが、彼らがこの方法を実践してくれたおかげで本書は非常にリアリティのあるものとなった。また奥出研究室のメンバーは五年間、この方法の創造につきあってくれた。とくに方法論をまとめる作業をおこなってくれた松本隆史君、和田裕介君、菅野吉郎君、青木啓剛君、畑山裕貴君、臼井旬君、瓜生大輔君、どうもありがとう。資料の取りまとめに関しては菅野君にお世話になった。

私が代表を務めている株式会社オプティマのメンバーである高橋美帆さんと岩見章代さんは、この方法を適用したコンサルティングとワークショップを企業メンバーとともにしっかりとおこなってくれた。感謝します。また、一九九二年にこの方法の原型にはじめてふれたデザインクエストを共同でプロデュースし、さらに本書執筆のためにコンサルティングの記録をまとめ、資料を整理してくれた田辺千晶さん、どうもありがとう。

一五年目にしてようやく形になった。

ＩＤＥＯを紹介した『発想する会社！』を見たときに、こうした本を書いてみたいと思い、早川書房代表取締役の早川浩さんに直接お願いしてから大分時間がかかったが、どうにか形になった。早川さんには機会を与えていただき、感謝します。

なお、本書の方法の開発にあたり、奥出研究室の大学院生が実際に開発して国際学会や展覧会に応募したいくつもの作品の制作過程の記録の分析を基礎とした。学生の研究及び作品制作にあたっては独立行政法人科学技術振興機構 戦略的創造研究推進事業（CREST）の支援を受けた。

二〇〇七年二月

補論

デザイン思考の未来

デザイン思考が、ＩＤＥＯがプロダクトを生み出すデザイン手法から、より一般的なデザイン手法として利用されるようになり、広がってから一〇年弱になる。ＡＢＣの放送と書物の出版によってブランディングをおこない、ＩＤＥＯだけではなく多くのデザイン・コンサルタントがこの手法を使ってビジネスをおこなってきた。一方で、「あれ、これがデザイン思考？」と思ってしまうようなワークショップが乱立し、また見よう見まねのワークショップもおこなわれている。

この現象を苦々しく思い、デザイン思考をプロモーションしたジャーナリストのブルース・ナスバウムや著名なデザイン心理学者のドナルド・ノーマンがデザイン思考そのものを悲観視する論文を書いている。この流れにビル・モグリッジがコメントした文章

(http://www.core77.com/blog/columns/design_thinking_a_useful_myth_16790.asp)があるので、そのあらましを紹介しておきたい。

デザイナーはものをデザインするときに、同じような方法でおこなっている。デザイン思考はこの方法を用いることで、何かをつくるために必要な直感をデザイナーでない人に提供する方法である。どのような分野の人間でも、この方法を使うことができる。意識していることだけではなくて、無意識の領域も活用する。客観的なアプローチだけではなく主観的に問題を論じることもあるし、言葉にできない暗黙知も用いる。実際に手を動かして新しいことを学ぶ方法でもある。

この方法をモグリッジは氷山に譬《たと》えている。海面にでているのは明確で合理的で大学などの高等教育機関で教えているようなことである。しかしながら、このような合理的な方法を使うだけでは、人間が持っている巨大な潜在的能力(海面下の氷山の部分)を活用することはできない。デザイン思考のプロセスを活用することで、こうした無意識の領域に直感的にアプローチして、一見複雑で解決不可能に見える問題(これをwicked problemと呼ぶ)を解決する方法を思いついたりする。

デザイナーとしてある分野に特化して活動をおこなうと、非常に洗練されたデザイン

・プロダクトをつくり出すことができる。状況を分析してさまざまな障害を考慮して特

定の問題に対して適切な解決策をデザインすることもできる。このプロセスを実行するために必要な技法も身につけている。デザイン教育はこの技法を教えるためにカリキュラムを構成している。そして技法の違いでインダストリアル・デザイン、インタラクション・デザイン、建築、グラフィック・デザイン、ウェブ・デザインなどといった専門分野が生まれている。陶芸や宝石デザインもこの中に加えていいかもしれない。人びとのニーズや要求を理解しながらデザインしているのだ。いくつものデザインを考え、提案したデザインが拒否されたときは新しいデザインをおこなう。何度も同じことを繰り返す。

デザイナーは個人で仕事をするときに、このようなプロセスでおこなっている。多少の違いはあるものの、反復作業を通してデザインをおこなっている。論理的な思考をすると同時に直感的な活動もおこなっている。だがデザイナーがおこなうデザインプロセスは、我々がわざわざ「デザイン思考」と呼んでいる活動と同じではない。デザイン思考にはコラボレーションが必要なのだ。デザイン思考は、特定の問題を解決するためにさまざまな背景を持った人たちがコラボレーションをおこなっていく方法なのだ。

デザイン思考はやり方がきまっている。さまざまな人をあつめてスタートすることで、そもそも何をつくればいいか、というゼロから一へのジャンプをおこなうことができる。

組織がイノベーションを生み出したり、難しい問題を解決する必要に迫られたり、新しい市場を探したいと思ったときに威力を発揮する方法なのだ。コラボレーションによって生み出されるコンセプトは、個人が生み出すコンセプトよりもはるかに大きなポテンシャルを持っている。

デザイナーだけではなく人間工学の専門家、心理学者、民族誌の専門家（文化人類学者）、コンピュータ・エンジニア、メカニカル・エンジニア、さらにはビジネスやブランディングの専門家などもメンバーに加わることができるし、物語をつくる脚本家やプロトタイプをつくる専門家、映像製作者などもメンバーとなって活動することができる。

デザイン思考はコラボレーションを基本に、観察をしてプロトタイプをつくるという活動を繰り返す具体的なデザインプロセスである。デザインの専門家もそうでない人も用いることができる。そしてイノベーションを確実に生み出すのである。

デザイン思考はまさにこうした方法であると感じる。デザイナーが培ってきた方法を、デザイナーとは異なる分野の人間とコラボレーションをしながら実践する。その活動を通して、分析的な手法では解決できない厄介な問題を解決する方法をデザインすることができる。それはゼロを一にするイノベーションの方法なのだ。

デザイン思考ワークショップをかれこれ一〇年ほど日本でおこなってきて、モグリッジの定義するデザイン思考についてはつくづくそう感じる。デザインの専門家に対して新しいデザイン理論を提供するのがデザイン思考のミッションではない。デザインを専門としていない人にデザインの手法を教えて、コラボレーションによって分析的には不可能な問題を解いてみせる、それがデザイン思考である。デザイナーもデザイン思考を学ぶ必要がある。それはコラボレーションの方法だ。コラボレーションを学ぶことで、デザイナーはいままでデザインの専門家では解くことができなかった難しい問題を解決する活動にチャレンジすることができる。

現在、私は慶應義塾大学大学院メディアデザイン研究科（KMD）で教えているが、この大学院は慶應義塾創立一五〇周年記念に設立されたものである。技術、経営、政策立案という領域とデザインを交差させて、難しい問題を解決する方法をイノベーションする能力を身につける。これが目的である。入学した学生にデザイン思考を教えているが、大学時代に学んだことが異なる学生がスモールチームでコラボレーションをすることで、社会の現実の問題への対応方法をデザインする能力を身につけていくさまを見るのはなかなか爽快である。

本書は出版してまもなく台湾で翻訳が出版された。同じ頃にビル・モグリッジの *Interaction Design* の翻訳も出版され、台湾のあるシンポジウムにふたりで招待された。

モグリッジは「直人と三日も一緒にいるのは初めてだね」と上機嫌で言い、私たちは数カ所で講演をして食事も共にした。二〇年にわたるデザイン思考の冒険の区切りになる良い経験だった。

二〇一一年、IDEOが日本オフィスを再開した。そのオープニングに合わせてティム・ブラウンがKMDを訪問していろいろな話をした。ふたりとも齢をとり、髪は白くなっていた。そして二〇一二年、ビル・モグリッジは帰らぬ人となった。二〇年ちょっと前に初めて出会って、コラボレーションと観察と工作というびっくりするような彼の方法を目の当たりにした。いま振り返ってみると、これまでの流れが一瞬の出来事のような気がする。

本書はだれでも使える方法として公開されたデザイン思考の入門書であり、私自身が一〇年以上使って自分の方法となっているものを詳しく紹介しているが、そのおおもとは一九九二年に初めてIDEOの方法を目にしたときの衝撃から始まっている。本書の出版後も方法論は少しずつ展開をしていて、中級篇に相当する方法は『デザイン思考と経営戦略』の後半部に詳しい。上級篇についても近いうちにまとめたいと思っている。

二〇一三年九月

解説
日本企業にこそ必要なデザイン思考

一橋大学イノベーション研究センター教授
米倉誠一郎

1．イノベーション推進機能としてのデザイン思考

「デザイン思考」というと外形のデザインに関する話のように聞こえるが、本書で奥出さんが説く「デザイン思考」とは、イノベーションを促進する考え方のことである。現代ビジネスの主戦場が、より安く、より軽く、より使い易くといったプロセス・イノベーションから、感動やワクワク感に溢れるプロダクト・イノベーション、すなわち創造性次元の競争に変化する中で、この広義のデザイン思考は最も重要な競争優位性となる。したがって、それはまさに現代の日本企業に最も重要な競争戦略論、製品開発論、そして成長戦略論の根幹といえるものなのである。ここでいう「デザイン思考」とは、結局四つのプロセスからなっていそうだ。アメリカのデザイン・コンサルティング会社ＩＤ

EOではかつて三つといっていたが、この本では四つ目に「物語をつくる」が加えられている。いずれにせよ、三つとか四つというシンプルさがとてもいい。

①フィールドワークに行き、現場、顧客を観察し、その経験をもとにブレインストーミングをおこなって自由なアイデア（仮説）に昇華させる
②続いて、アイデアを可視化するプロトタイプづくり。すなわち、何をつくればいいかを考えたら、実際に工作をしてみること
③このプロトタイプをベースに、異分野の人間が「良いものをつくるという意志」をもって協力する
④そして物語をつくる

このIdeation, Build to think, Collaboration, Storyの四つのステップを融合する活動が、「デザイン思考」と呼ばれるものである。

まず、現場に出る、顧客を観察する、人間の行動をしっかり見る。これは基本だ。しかし、現場に出て顧客を観察するのは、顧客の声を聴くためではない。奥出さんはもう一冊の名著『デザイン思考と経営戦略』（NTT出版、二〇一二年）という本の中で、

スティーブ・ジョブズの言葉を引用して言う。「顧客が求めているものを探すのは顧客ではない」と。これは実に奥の深い言葉だ。顧客が求めているものを聴いていては、イノベーションなどは生まれない。データ収集や分析は大事だが、それは観察者が新しいアイデアを得るためであって、彼らから答えを聴くためではない。顧客に聴いていたのでは、彼らの期待を超えるようなものは出来ない。現場や顧客の声（fact-finding）から、その背後にある問題を発見し（problem-finding）、自分なりの仮説を立ててみる（idea-finding）。そのためのフィールドワークでなければならないのだ。

次に、アイデアを基に、すぐに簡単なプロトタイプをつくる重要性である。確かに、形にしてみることは重要だ。『デザイン思考と経営戦略』の中で、奥出さんはアメリカのポール・トーランスという研究者の実験と定義を紹介している。創造性とは「何か独創的でかつ役に立つモノを作り出す力」と定義され、それを実現するメカニズムは、多くのアイデアを生み出す分散思考と、それを一つのアイデアにまとめあげる統合思考の協調だという。トーランスは、五〇年も前に四〇〇〇人の生徒に対して、おもちゃの消防自動車を渡して、「どうしたらもっと良くなるか、楽しくなるか考えてごらん」という実験をはじめ、その後同じテストが五〇年にわたって三〇万人以上の子供に繰り返されたという。そしてこのテストで、創造性が高いと評価された子供たちは、知能指数が高いと評価された子供たちよりも、起業家、発明家、研究者、医師などの専門的な仕事に就いている。創造性をはかる基準として、シンプルにモノを作り出す能力が重要だということが明らかにされてきている。そう、創造性とは形にしなければ表現できないものだからだ。

三つ目の複数分野（マルチディシプリナリー）なコラボレーション。これは簡単なようで難しい。現代社会では複雑性に対処するために専門化が進み、分野（ディシプリン）が限定されてきた。そのように、複雑な技術ソリューションやビジネスソリューションを得るために専門化が進んだものを、もう一度統合して融合するのだから簡単ではない。だから、奥出さんは慣れ親しんだディシプリンを離れて、より高い次元での「良いものをつくるという意志」を強調しているのである。

最後にＩＤＥＯ社は「物語をつくる」をもってきた。僕の同僚で、『ストーリーとしての競争戦略』（東洋経済新報社、二〇一〇年）を著した楠木建君が明らかにしたように、企業の競争戦略にとってもデザイン思考にとっても、誰もが身を乗り出して聴きたくなるような「ストーリー」の構築は大切な訴求ポイントなのである。

奥出さんは、こうしたデザイン思考そのものが現代におけるイノベーション創出の根幹であることを、沢山の事例を挙げながら明らかにしている。詳しい内容は本書をじっくり読んでいただくとして、ここでは日本企業の気になるデータを見ておきたい。

2. 日本企業のイノベーション認識

ＧＥという会社は、世界二五市場の三一〇〇人のイノベーション担当シニアエクゼクティブたちを対象に、イノベーション認識調査「ＧＥグローバル・イノベーション・バロメーター」を過去三年にわたりおこなっている。このレポートは、回答者たちが自社のイノベーション戦略に直接関わっているという点でリアリティがある。僕は二〇一三年の調査結果について解説を書いたのだが、日本企業に関して非常に心配となる結果が出ていたので、その点について述べてみたい。

①低すぎるイノベーションに対する優先度

まず、最も気になる数字は、Ｑ１「あなたの会社経営にとってイノベーションとは?」という問いに対して、米国三六%、ドイツ五〇%、韓国三七%、中国五五%、世界全体平均四四%が「大変重要な戦略的優先課題」と答えているのに比較して、日本企業の回答が二九%と低くなっていることである。さらに、イノベーションは「あまり、あるいは全く優先的な課題ではない」と否定的だった割合が、米国一二%、ドイツ五%、韓国五％、中国六％、世界全体平均で九％だったのに対して、日本では二〇％ものイノベーション担当者がイノベーション活動に否定的だったことである。この調査は一般人に対する電話調査でも、デパート地下の街頭インタビューでもない。世界のイノベーション戦略担当者に直接電話で回答を求めたものである。その中でも、日本の担当者がこれだけイノベーションに対して悲観的だということは、かなり由々しき結果である。

この結果について、かなり好意的に推測するならば、日本の経営者たちがイノベーションの意味をかなり狭義にとらえている可能性が考えられる。日本経済新聞でさえ、紙面で「イノベーション」と表記した後に必ずカッコ付きで（技術革新）と入れている事実からしても、日本ではイノベーションが技術に限った狭い範囲でとらえられがちである。

②イノベーションに投資は要らない

事実、Q４「企業がイノベーションを成功させるため、これらの能力の重要性は？」という質問に対して、日本が世界平均と比較して過大（＋）に評価しているのが「新しいビジネスモデルを開発する（＋六ポイント）」と「新しい技術を開発する（＋三ポイント）」である。日本の担当者は世界平均よりも、「新しい技術やビジネスモデル開発」をイノベーションの中心課題だと考えているのである。

一方、同じ設問で、世界と比較して二〇ポイント近くあるいは以上マイナスに乖離しているのが、「イノベーションをもたらす環境と文化を作り出す（－二一ポイント）」、「イノベーション活動に予算を配分する（－二八ポイント）」、「イノベーション開発に資金を集める（－二四ポイント）」、「長期的なイノベーションプロジェクトに投資する（－一九ポイント）」などである。不思議なことに、日本のイノベーション担当者は「イノベーションという幅広い活動」に資金・予算を積極的に配分することよりも、「新しい技術やビジネスモデルを開発」することばかりに気をとられているのである。

③世界との認識ギャップ

一方、この調査結果で最も興味深い点は、日本の担当者の日本悲観論に対して、世界の担当者はそうは思っていないということである。Q7「イノベーションを最も牽引する国は？」という問いでは、米国三五％、ドイツ一五％、中国一二％に次いで、日本一一％は世界第四位に評価され、第五位の韓国五％の二倍近い支持を得ている。また、Q8「各国について、どの程度イノベーション環境が整備されていると思うか？」では、ドイツ八五％、米国八四％に続いて日本八一％と第三位に評価され、第四位の韓国七一％、第五位のイギリス六九％より一〇から二〇ポイント以上も高い結果となっているのである。

数字から見る限り、イノベーション力やイノベーション環境にかなり否定的な日本のイノベーション担当者に比べて、世界の担当者は日本のそれを高く評価しているのである。このギャップはいったいどこから来るのだろうか？

まず考えられるのは、この失われた二〇年の間におけるイノベーション担当者の自信喪失である。中国に抜かれたとはいえ日本のGDP総額はいまだ世界第三位であり、一人当たりのGDPでは中国の一〇倍である。八〇円前後で推移した円高でも日本企業は恐るべき強靭さを保持したし、二〇一三年中盤以降の円安では業績を大きく改善し、本業の収益性を高めている。また、東日本大震災の打撃からも早々と立ち直り、震災前のビジネス・プロセスに戻っている。

また、アジアでは希少な科学系ノーベル賞受賞者を多数輩出し、iPS細胞はまさに先端医療に革命的な変化をもたらしている。また、アップルのiPhoneの中味の五〇％以上は日本製部品で占められている事実や、トヨタのプリウスが世界のハイブリッド車市場を席巻し、日産リーフや三菱ミーブも電気自動車の実用化で一歩先行している。コマツのKOMTRAXを駆使したハードとソフトにわたるイノベーションや、キヤノンのデジカメ単体ではなくプリンターとインクを含み込んだデジタルフォトというコンセプトも素晴らしいイノベーションである。さらに、工場レベルでの省エネ能力も世界屈指であり、製鉄所、セメント工場、発電所など新興市場へのプラント輸出の可能性もまだまだ高い。また、新幹線を筆頭に世界に誇るインフラ製品や技術力も十分に有しているのである。日本の経営者はこうした事実に基づいてもっと自信をもってよい。

3．成功体験を捨てて投資をしよう

しかし、これまで日本経済を牽引してきたコンシューマー・エレクトロニクスで大きく後退し、インターネットを核に情報・通信・ソフトウェア・エンターテイメントが融合する未来の分野でもかつての輝きはない。もはや、中進国・新興国に追い上げられるコモディティの世界では利益を上げ続けることは出来ないし、創造性がものをいう分野では、これまでの成功体験は有効ではない。結局、これまでのやり方を大きく変えてみる以外に手はないのである。日本企業（さらには教育現場）には、奥出さんのいう「デザイン思考」が求められている。そして、その技法を習得し磨くには、日本のイノベーション担当者が懐疑的である「長期的な投資と組織風土の変革」を継続しなければならないのである。イノベーションを生み出すことは難しいが、本書をはじめとしてそこに

近づく方法論は確実に存在するのである。

二〇一三年一〇月

本書は、二〇〇七年二月に早川書房より単行本として刊行した作品を、加筆・改訂のうえ文庫化したものです。

これからの「正義」の話をしよう

——いまを生き延びるための哲学

マイケル・サンデル
鬼澤 忍訳

これが、ハーバード大学史上最多の履修者数を誇る名講義。

「1人を殺せば5人が助かる。あなたはその1人を殺すべきか?」経済危機から大災害にいたるまで、現代を覆う困難には、つねに「正義」の問題が潜んでいる。NHK「ハーバード白熱教室」とともに社会現象を巻き起こした大ベストセラー哲学書、待望の文庫化。

ハヤカワ・ノンフィクション文庫

ハーバード白熱教室講義録＋東大特別授業（上下）

マイケル・サンデル

NHK「ハーバード白熱教室」制作チーム、小林正弥、杉田晶子訳

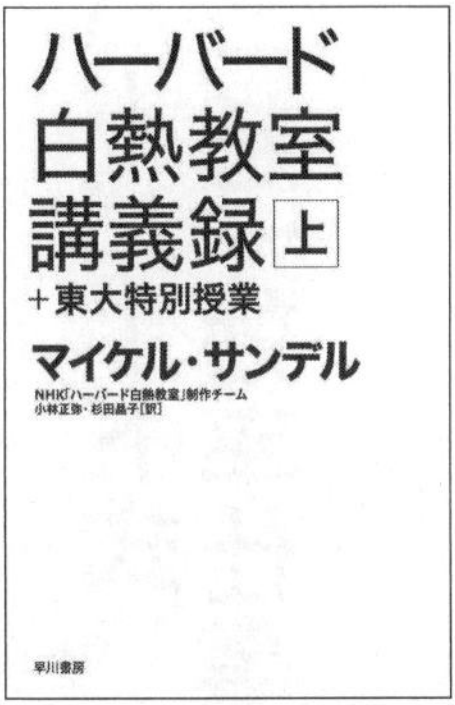

NHKで放送された人気講義を完全収録！

正しい殺人はあるのか？　米国大統領は日本への原爆投下を謝罪すべきか？　日常に潜む哲学の問いを鮮やかに探り出し論じる名門大学屈指の人気講義を書籍化。NHKで放送された「ハーバード白熱教室」全一二回、及び東京大学での来日特別授業を上下巻に収録。

ハヤカワ・ノンフィクション文庫

THE TEN FACES OF INNOVATION
Tom Kelley
with Jonathan Littman
イノベーションの達人！
発想する会社をつくる10の人材
トム・ケリー＆ジョナサン・リットマン

著者略歴　1954年兵庫県生　慶應義塾大学文学部社会学科卒業　ジョージ・ワシントン大学アメリカ研究科博士課程修了（Ph.D.）　現在慶應義塾大学大学院メディアデザイン研究科（KMD）教授，株式会社オプティマ代表取締役　著書『デザイン思考と経営戦略』『会議力』『思考のエンジン』など多数

HM=Hayakawa Mystery
SF=Science Fiction
JA=Japanese Author
NV=Novel
NF=Nonfiction
FT=Fantasy

デザイン思考《しこう》の道具箱《どうぐばこ》
イノベーションを生む会社のつくり方

〈NF398〉

二〇一三年十一月 十 日　印刷
二〇一三年十一月十五日　発行
（定価はカバーに表示してあります）

著者　奥《おく》出《で》直《なお》人《ひと》
発行者　早川　浩
印刷者　矢部真太郎
発行所　株式会社 早川書房
郵便番号　一〇一 - 〇〇四六
東京都千代田区神田多町二ノ二
電話　〇三 - 三二五二 - 三一一一（大代表）
振替　〇〇一六〇 - 三 - 四七七九九
http://www.hayakawa-online.co.jp

乱丁・落丁本は小社制作部宛お送り下さい。
送料小社負担にてお取りかえいたします。

印刷・三松堂株式会社　製本・株式会社明光社

ISBN978-4-15-050398-7 C0134

本書は活字が大きく読みやすい〈トールサイズ〉です。